Mastering Spanish through Global Debate

Mastering Languages through Global Debate

Mastering Chinese through Global Debate
Mastering English through Global Debate
Mastering Russian through Global Debate
Mastering Spanish through Global Debate
Teaching Advanced Language Skills through Global Debate: Theory and Practice

Mastering **Spanish** through Global Debate

Dominio del **español** a través del debate global

Nieves Pérez Knapp

Krishauna Hines-Gaither

Morella Ruscitti-Tovar

Consulting Editors

Tony Brown

Jennifer Bown

Georgetown University Press | Washington, DC

Library of Congress Cataloging-in-Publication Data

Names: Knapp, Nieves Pérez, author. | Hines-Gaither, Krishauna, author. | Ruscitti-Tovar, Morella, 1976- author.
Title: Mastering Spanish through global debate / Nieves Knapp, Krishauna Hines-Gaither, and Morella Ruscitti-Tovar.
Description: Washington, DC : Georgetown University Press, [2023] | Includes bibliographical references and index.
Identifiers: LCCN 2022004305 (print) | LCCN 2022004306 (ebook) | ISBN 9781647122911 (paperback ; alk. paper) | ISBN 9781647122928 (ebook)
Subjects: LCSH: Spanish language—Readers—Economics. | Spanish language—Readers—Political science. | Spanish language—Textbooks for foreign speakers—English. | LCGFT: Readers (Publications)
Classification: LCC PC4127.E25 K53 2023 (print) | LCC PC4127.E25 (ebook) | DDC 468.2/421—dc23/eng/20220809
LC record available at https://lccn.loc.gov/2022004305
LC ebook record available at https://lccn.loc.gov/2022004306

24 23 9 8 7 6 5 4 3 2 First printing

Cover design by Martha Madrid Design Studio.
Cover image courtesy of Daniel Ernst at stock.adobe.com.
Interior design by click! Publishing Services.

A nuestros seres queridos y
a todos quienes nos han apoyado en este proyecto

CONTENIDO

Temas

PREFACIO

En nuestra sociedad contemporánea existe una gran necesidad de excelentes habilidades lingüísticas dentro y fuera de los Estados Unidos y en todos los sectores de la economía. Según el informe de la organización American Council on the Teaching of Foreign Languages (ACTFL) *"Making Languages Our Business: Addressing Foreign Language Demand Among U.S. Employers,"* nueve de cada diez empresas de los EE.UU. dependen de empleados con habilidades lingüísticas distintas del inglés y la mayoría de estas empresas dice que su demanda para lenguas extranjeras aumentará en los próximos cinco años.

Como resultado de esta demanda, las universidades en los EE.UU. necesitan preparar a más graduados con un alto nivel de competencia lingüística en lenguas como el español. De igual forma, es imprescindible que las universidades ofrezcan más cursos con el objetivo de llevar a los estudiantes de Nivel Avanzado al Nivel Superior en la escala de competencia de ACTFL.

Parte del problema con la escasez de cursos para llevar a los estudiantes avanzados al Nivel Superior, era la falta de libros o materiales para tal curso. Afortunadamente, con la publicación de *Mastering Spanish through Global Debate* ya tenemos un libro de texto único e ideal para un curso de este alto nivel. En todo el libro se puede ver la evidencia de la incorporación de los principios de tres documentos claves: *NCSSFL-ACTFL Can-Do Statements*, *World-Readiness Standards for Learning Languages*, y *ACTFL Proficiency Guidelines*. Cada capítulo del libro está organizado alrededor de un tema contemporáneo e interesante como el medio ambiente versus la economía o el intervencionismo versus el aislamiento. Las tareas auténticas de cada capítulo preparan a los estudiantes para participar en un debate sobre el tema del capítulo utilizando recursos orales, visuales y escritos, así como recursos del Internet. Con este libro de texto los estudiantes van a aprender a discutir temas abstractos, expresar y sostener opiniones, hipotetizar y adaptar sus ideas a grupos específicos que son las características principales del Nivel Superior.

En conclusión, estoy segura de que *Mastering Spanish through Global Debate* es una excelente adición a la serie de libros de texto en varios idiomas diseñados para llevar a los estudiantes de Nivel Avanzado al Nivel Superior y será una opción excepcional tanto para estudiantes como para profesores.

Emily Spinelli
Executive Director, Retired; American Association of Teachers of Spanish and Portuguese
Professor of Spanish Emerita; University of Michigan-Dearborn
Honorary President; Sigma Delta Pi (Spanish Honorary Society)
Past President; American Council on the Teaching of Foreign Languages
Past Editor; *Foreign Language Annals*

AGRADECIMIENTOS

Las autoras agradecen a Tony Brown de la Universidad Brigham Young la invitación, confianza y guía que han hecho posible poder sacar a luz este proyecto. También nos gustaría agradecer a otros colegas de la Universidad Brigham Young tal como el decano de la Facultad de Humanidades, J. Scott Miller, por apoyar este proyecto y al *Humanities Technology and Research Support Center* por cedernos su fantástico equipo y estudio de grabación.

Asimismo, nos gustaría agradecer al personal editorial de Georgetown University Press por sus valiosos comentarios y su profesionalidad y en particular a su editora, Clara Totten, por su paciencia y colaboración.

También nos sentimos profundamente agradecidas a nuestros colaboradores por el desarrollo de los textos centrales de los capítulos y los documentos de posición: Oriana Reyes, Melissa Negrón, César Cáceres, Citlali Miranda-Aldaco, Kelvin Jensen, Rebeca Delgado, Lourdes Sabé, Ursula Atisme, Maider Valdés, Roberto Morales y Gina Villalobos, sin los cuales este libro no hubiera sido posible. Del mismo modo, agradecemos a Lourdes Sabé (Universidad de Yale), Maider Valdés y Kelvin Jensen por sus cuidadosas revisiones. Además, queremos reconocer a los alumnos de BYU del curso SPAN 411 (Conversación en español a Nivel Superior), quienes utilizaron y perfeccionaron con sus sugerencias la versión piloto de este libro y especialmente a quienes prestaron sus voces para grabar los debates de práctica.

Por último, no podemos dejar de mencionar el amor y apoyo incondicional de nuestras familias.

Muchas gracias a todos,
las autoras

INTRODUCCIÓN

Mastering Spanish through Global Debate está diseñado para estudiantes que han alcanzado un nivel avanzado de competencia lingüística de acuerdo con los parámetros establecidos por el *American Council on the Teaching of Foreign Languages*. Por ello, el objetivo principal del libro de texto es facilitar la adquisición de las destrezas del nivel superior.

Para progresar desde el nivel avanzado al superior, los alumnos deben poder discutir temas abstractos, expresar y apoyar opiniones, formular hipótesis y adaptar su forma de hablar a las circunstancias que sus diversos interlocutores requieran. El debate ofrece un contexto fabuloso para desarrollar y perfeccionar este conjunto de habilidades. Los temas seleccionados en *Mastering Spanish through Global Debate* son el medio ambiente versus la economía, el intervencionismo versus el aislacionismo, la redistribución de la riqueza versus la autosuficiencia, la preservación cultural versus la diversidad, la seguridad versus la libertad individual y, finalmente, la educación versus la experiencia laboral. Estos temas de actualidad probablemente serán de interés para los estudiantes de idiomas.

Estructura del libro de texto

Mastering Spanish through Global Debate contiene seis capítulos o temas de debate y cada uno de ellos comienza con actividades de preparación para presentar el tema a los alumnos y activar sus conocimientos previos. Estos ejercicios permiten a los estudiantes escribir y articular sus propias ideas sobre cada uno de los temas, y así prepararse para la lectura de los textos que enmarcan cada capítulo. Los ensayos se encuentran en el centro de cada capítulo y han sido escritos por hispanoparlantes nativos. Estos textos no están simplificados de ninguna manera y por lo tanto proporcionan una rica fuente de entrada, particularmente en términos de vocabulario contextualizado y expresiones idiomáticas. Cada artículo presenta una descripción general de los temas, incluidos los principales argumentos de ambos lados del debate, y las lecturas van seguidas de pruebas de comprensión. Estos ensayos han sido escritos por nativos de una variedad de países de habla hispana (Argentina, Chile, España, México, Puerto Rico y Ecuador), proporcionando así al estudiante una inmersión más profunda en la riqueza y amplitud de la lengua y cultura españolas.

Una parte importante del trabajo de cada tema está dedicada al desarrollo del vocabulario y, en dichos temas, los elementos léxicos se presentan no como palabras sueltas, sino más bien como *colocaciones*, es decir, grupos de palabras y expresiones lingüísticas que comúnmente se usan en conjunto. El vocabulario elegido para cada tema se rige, en parte, por la frecuencia de uso que se encuentra en los corpus lingüísticos del español.

Por ello, a menudo se pide que los estudiantes utilicen corpus en línea para ampliar su uso del vocabulario activo y para que aprendan las palabras tal como se utilizan en el idioma, no de forma aislada en listas tradicionales. En el debate, las preguntas abiertas ofrecen un punto de partida para que los alumnos apliquen el nuevo vocabulario presentado en los artículos o ensayos centrales.

Una vez que los estudiantes se familiarizan con un tema y el vocabulario necesario para tratarlo en profundidad, dirigen su atención a prepararse para el debate. En la sección **Construcción del discurso crítico** se presentan las características gramaticales y sintácticas necesarias para formular las hipótesis, una función importante en el nivel superior de competencia lingüística. Además, los estudiantes ponen en práctica sus nuevos conocimientos a través de un juego de roles en el que representan varias posturas para discutir el tema de una manera concreta.

En la sección **Comprensión auditiva**, los alumnos escuchan breves debates simulados que ilustran expresiones y frases de interés que luego pueden utilizar en su argumentación para tomar turnos, discutir un punto concreto y expresar su acuerdo o desacuerdo.

Las dos secciones finales: **Construyendo el argumento: el proceso escrito** y **Construyendo el argumento: el proceso oral** son las tareas culminantes del libro de texto, para las cuales todas las demás secciones han servido de preparación. En la sección de oratoria se presentan importantes estrategias retóricas utilizadas en el debate desde antaño, tales como las conjeturas, las preguntas de definición y las de valoración. En la sección de escritura se muestran diversos elementos de la escritura persuasiva, como la redacción de una declaración de tesis, la construcción de párrafos y las estrategias de revisión. Al final de cada sección, los alumnos ponen a prueba sus habilidades mientras debaten con otros miembros de la clase y escriben un ensayo persuasivo, argumentando un lado de cada tema de debate.

Finalmente, cabe indicar que este libro de texto se puede utilizar como un curso completo o junto a otros materiales. Además, la página web que acompaña a la serie presenta un libro para el profesor con respuestas modelo y otros materiales adicionales que se especifican a continuación.

RECURSOS EN LÍNEA

Además de este volumen, los estudiantes tienen a su disposición el *Audio Companion to Mastering Spanish through Global Debate*. Este recurso incluye dos grabaciones para cada capítulo: una, en la que se narra el artículo principal del capítulo y otra que ofrece un debate simulado. Las transcripciones de los debates simulados y las instrucciones adicionales se incluyen en este complemento auditivo. Hay un icono en el texto que indica cuándo corresponden estas grabaciones de audio, que se puede encontrar y acceder de forma gratuita en la sección de *Recursos para profesores* del sitio web de Georgetown University Press.

En este volumen también encontrará un icono que le indica que consulte el corpus del español (https://www.corpusdelespanol.org/web-dial/) creado por el profesor Mark Davies. Este corpus es un recurso gratuito y contiene unos dos mil millones de palabras en español, extraídas de recursos provenientes de todos los países hispanohablantes.

Hay varias formas de buscar información en el corpus. Las más pertinentes para completar las asignaciones y ampliar el vocabulario son:

- Consultar la lista de frecuencias de las 40.000 palabras más importantes del corpus. Esta búsqueda se puede hacer por forma de la palabra, parte de la oración, rangos de frecuencia en la lista de palabras y traducción al inglés.
- Buscar por palabra individual y ver las definiciones, sinónimos, colocaciones, temas, líneas de concordancia y enlaces a recursos externos para cada una de esas palabras.
- Introducir textos enteros y luego utilizar los datos del corpus para obtener información detallada sobre cada palabras o frase del texto.
- Hacer una búsqueda de frases y oraciones, incluyendo palabras, partes de la oración e incluso sinónimos. Por último, se puede encontrar palabras al azar y también navegar por "palabras del día" seleccionadas al azar, y luego guardar esas nuevas palabras para volver a revisarlas más tarde.

Se recomienda que los alumnos se familiaricen con este excelente recurso que brinda una gran comprensión de los patrones y contextos en los que aparece el vocabulario que se desea adquirir. Esta herramienta va mucho más allá de lo que puede ofrecer un diccionario estándar y proporciona una magnífica perspectiva del uso de las palabras, colocaciones y frases en español, de una manera que no es posible con ningún otro recurso.

También existe una clave de respuestas de *Mastering Spanish through Global Debate* para los profesores. Está disponible en la sección de *Recursos para maestros* del sitio web de Georgetown University Press. Finalmente, remitimos a los instructores al libro electrónico de Tony Brown y Jennifer Bown, *Teaching Advanced Language Skills through Global Debate: Theory and Practice*, que se puede adquirir en la página web de Georgetown University Press o a través de otros proveedores de libros electrónicos.

TEMA
1

Medio ambiente y economía

Una economía en colores

Related NCSSFL-ACTFL Can-Do Statement:
In my own and other cultures I can analyze and critique environmental policies from multiple perspectives.

Antes de la lectura

Presentación del tema

A. Con un/a compañero/a, conteste las siguientes preguntas prestando atención a las fotografías y sus descripciones.

1. ¿Qué sabe sobre cada uno de estos eventos? ¿Dónde y cuándo sucedieron?
2. ¿Cree usted que estas catástrofes son naturales o causadas por el hombre? Defienda su respuesta al plantear la causa original de cada uno de estos problemas.
3. ¿Existen problemas similares en su país? Hable con su compañero/a sobre los problemas medioambientales que existen en su país de origen.

El derrame de petróleo mata o lastima a miles de animales.

Los osos polares están amenazados por el calentamiento global.

La contaminación alcanza nivel de "contingencia ambiental" en la Ciudad de México.

La explosión en una planta nuclear dispersa escombros radioactivos.

B. Estudie la siguiente nota lingüística sobre la definición y el origen de las palabras "economía" y "ecología". Ambas proceden del griego ecos = casa.

Nota lingüística	
Economía	**Ecología**
El término "economía" procede del latín oeconomĭa, y este a su vez del griego οἰκονομία, en donde "oikos" significa casa y "nomos" significa "ley". Es decir, es la ley o regulación de la casa, entendida a gran escala.	Neologismo conformado por "oikos", que significa *casa*, y *logia*, que significa *estudio*. En este caso se trata del "estudio de la casa", considerando el entorno y el medio ambiente como esa casa en la que habitan diversas especies.

C. En sus propias palabras, trate de definir los términos "economía" y "ecología" en relación a su origen etimológico. Basándose en esta analogía, anticipe el contenido del artículo titulado Una economía en colores.

D. Basándose de nuevo en el título *Una economía en colores*, haga una lista de aspectos que podrían aparecer en el artículo en relación a los siguientes colores.

verde ____________________

marrón ____________________

azul ____________________

negro ____________________

Algunas ideas:

1. contaminación
2. economía ilegal
3. reciclaje
4. ____________________
5. ____________________

Creación de mapas conceptuales (asociogramas)

A. Haga una lluvia de ideas con cuantas palabras conozca asociadas a los desafíos que un país podría afrontar en relación con el medio ambiente y la economía. Organice sus ideas para crear dos mapas conceptuales separados, según el patrón mostrado más abajo. Después de leer el artículo podrá agregar más información, así que por ahora, se pueden dejar algunas casillas en blanco.

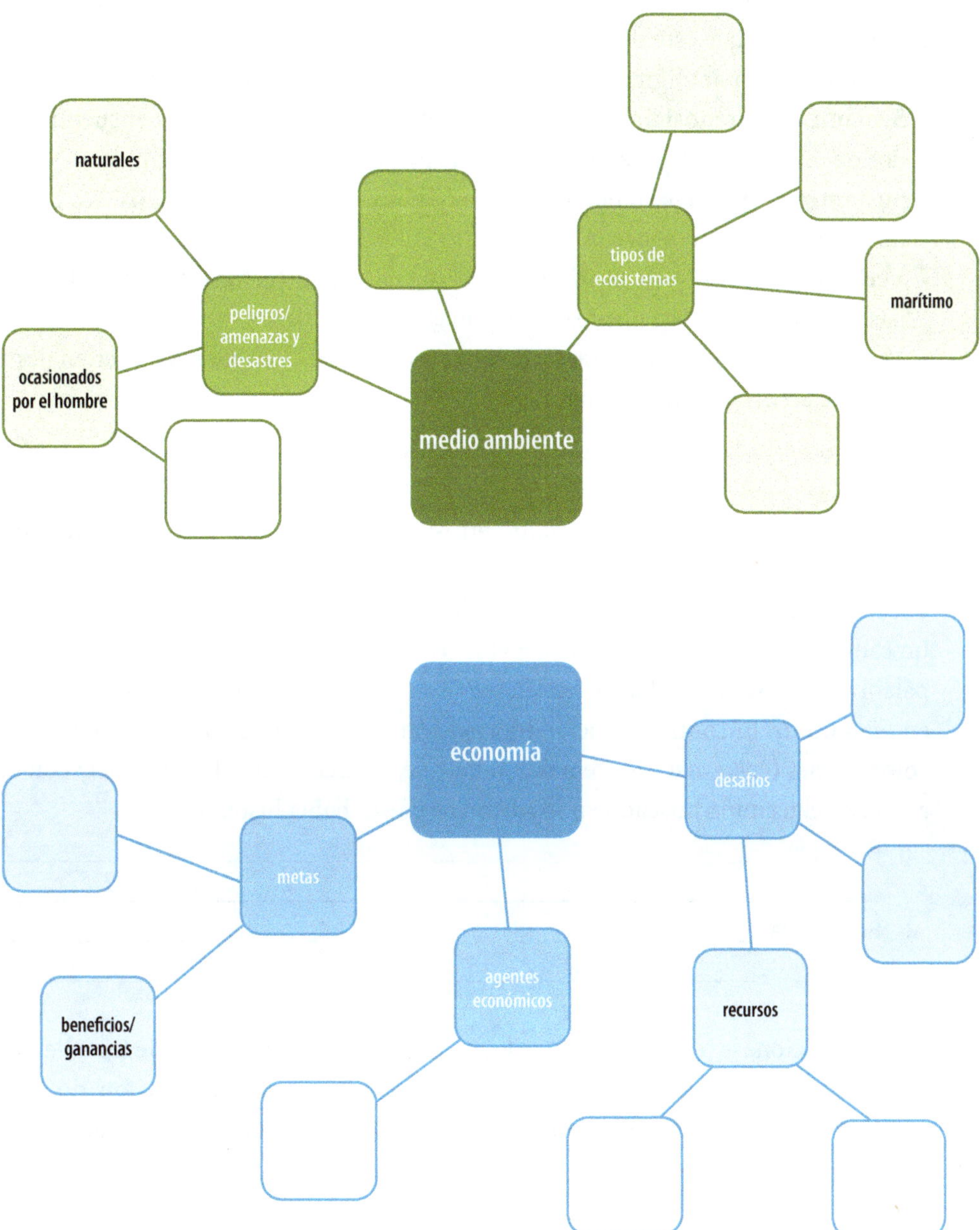

B. Compare sus asociogramas o mapas conceptuales con los de sus compañeros/as para generar ideas adicionales. Después de completar los dos mapas, decida qué áreas temáticas pueden ayudar a superar la brecha entre ambos mapas. En otras palabras, ¿cuáles son las cuestiones relativas al medio ambiente y a la economía que presentan aspectos en común?

C. Colocaciones. En lexicología, una colocación es un tipo concreto de unidad fraseológica que designa una combinación de palabras distinguida por su alta frecuencia de uso, lo que hace que este tipo de construcciones se catalogue como unidades semi-idiomáticas. Los paradigmas o modelos de colocación más usados en español son:

- **Sustantivo + preposición + sustantivo**: derecho de veto, punto de encuentro, fondos de inversión, tipos de interés, plan de pensiones, creación de empleo.
- **Sustantivo + adjetivo**: renta fija, deuda pública, testigo ocular, dispositivo policial, luna llena, mercado negro.
- **Verbo + (artículo) + sustantivo**: desatarse una polémica, tomar cuerpo, dar un paseo, tomar medidas, plantear problemas.
- **Verbo + preposición + sustantivo**: llevar a cabo, poner en marcha, caer en desuso, estar de acuerdo, poner de manifiesto.

Fuente: Diccionario de colocaciones en español http://www.dicesp.com/paginas

En el sitio web *Corpus del español* (https://www.corpusdelespanol.org/web-dial/) se pueden buscar las colocaciones más frecuentemente asociadas con las palabras "z" y "economía". Para buscarlas, utilice el enlace anterior y haga clic en *Browse*. Habrá un cambio de página y en la casilla en blanco, a la derecha de *Word form*, escriba la palabra que desee consultar (en este caso "ecología" y después "economía"). Haga clic en *Find words*. Encontrará mucha información sobre cada palabra, incluyendo las colocaciones (*collocates*), los temas con los que se relacionan y la frecuencia con que aparecen el término buscado en los diversos países habla hispana.

1. Ecología ____
____
2. Economía ____
____

D. A continuación, se presentan tres de las colocaciones más comunes de los adjetivos "ecológico" y "económico" según datos del *Corpus del español* ya mencionado. Usando esta herramienta, ¿podría proponer otros sustantivos que suelan relacionarse con estos dos conceptos? ¿Qué implicaciones aportan estas colocaciones a los tema que se está estudiando?

equilibrio ecológico, turismo ecológico, impacto ecológico, ______________________

____

desarrollo económico, crecimiento económico, sistema económico, ______________

____

Profundizando en las ideas y opiniones

Nota cultural **La diversidad del mundo hispano** El español es la lengua oficial de 20 países: Argentina, Bolivia, Chile, Colombia, Costa Rica, Cuba, República Dominicana, Ecuador, El Salvador, Guinea Ecuatorial, Guatemala, Honduras, México, Nicaragua, Panamá, Paraguay, Perú, España, Uruguay y Venezuela. Además, hay que incluir a los EE.UU., el tercer país según número de hispanohablantes. Por ello existe una gran variedad entre sus usuarios y esto se manifiesta también en la frecuencia de uso de su terminología. Por ejemplo, al observar el uso de algunas colocaciones como la de "turismo ecológico", se ve que aparece con más frecuencia en documentos de países de Centroamérica y el Caribe, como Costa Rica y la República Dominicana. ¿Podría anticipar si existe una razón concreta? ¿Qué conclusiones se pueden establecer en cuanto a las prioridades y preocupaciones de estos países respecto a la ecología y la economía?

A. En grupos pequeños, lean las siguientes frases con atención. Después conversen sobre su significado y decidan con cuáles están de acuerdo. Compartan sus ideas con toda la clase.

1. *Solo cuando el último árbol esté muerto, el último río envenenado y el último pez atrapado, te darás cuenta de que no puedes comer dinero.* Proverbio indoamericano.
2. *No es posible tener verdadero desarrollo social sin crecimiento económico, al tiempo que resulta imposible lograr crecimiento económico sin un sector empresarial amplio, fuerte y dinámico. Es por esto que Latinoamérica debe hacerse viable y atractiva para las empresas, tanto extranjeras como locales.* Roberto Rabe, periodista y economista colombiano.
3. *No enfrentamos ninguna amenaza actual de que el cristianismo nos sea impuesto por tiranos; pero no se puede decir lo mismo del ecologismo. El gobierno de mi ciudad nunca intentó enviarme un Nuevo Testamento, pero sí me mandó una papelera de reciclaje.* Steven Landsburg, periodista y economista colombiano.
4. *Venimos hace muchísimos años intentando llamar la atención a la humanidad, de que no es posible la humanidad si no tenemos una nueva relación con la Madre Naturaleza.* Rigoberta Menchú Tum (1959-), maya k'iche', guatemalteca, política, feminista, activista indígena.

B. Según los científicos Michelle Valencia y Marcelo Sozo, el calentamiento global consiste en un aumento, a lo largo del tiempo, de la temperatura media de la atmósfera terrestre y de los océanos. Se postula que la temperatura se ha elevado desde finales del siglo XIX debido a la actividad humana. ¿Cómo afectan al medio ambiente los siguientes temas?

- La quema de combustibles fósiles
- Los cambios en el uso del suelo
- La tala y deforestación

Estudiando el tema

Lectura enfocada

A. Después de leer el artículo *Una economía en colores*, haga una lista de los argumentos que presentan los siguientes grupos:

Ambientalistas	Ecologistas	Economistas	Inversionistas	Realistas
•	•	•	•	•
•	•	•	•	•
•	•	•	•	•
•	•	•	•	•
•	•	•	•	•

B. Compruebe la pronunciación de palabras desconocidas del texto al escuchar la grabación de audio 1.1.

Una economía en colores

Oriana Reyes, Chile

Los científicos pueden describir los problemas que afectarán el medio ambiente basándose en la evidencia disponible. Sin embargo, su solución no es la responsabilidad de los científicos, sino de la sociedad en su totalidad.

Mario Molina (1943-2020)
Ingeniero químico mexicano y premio Nobel por ser uno de los descubridores de las causas del agujero de la capa de ozono

Años después de la II Guerra Mundial, durante la década de 1950, el mundo desarrollado empezó a levantarse del estado postrado en que lo había dejado este conflicto armado, lográndolo en gran parte a través del desarrollo de una alta tecnología implementada fuertemente en el sector agrícola. Se introdujo así el uso de una maquinaria más eficiente en el cultivo, lo que permitió mayor productividad en terrenos no muy extensos (desarrollo intensivo del agro); junto con ello entró también en juego el uso de pesticidas, fertilizantes químicos, fumigación, manipulación genética de plantas, etcétera. Esto trajo consigo lo que se llamó la Revolución Verde: el mundo caminaba hacia una época de prosperidad alimenticia donde habría comida para todos. De acuerdo a los economistas de esta revolución verde, el PIB (producto interno bruto) de todos los países, experimentó un gran aumento, favorable al crecimiento económico de todos ellos.[1]

Sin embargo, hacia la década de los setenta, los ecologistas empiezan a notar por primera vez que el medio ambiente, tanto en el campo como en la ciudad, estaba siendo afectado negativamente por esta sofisticada tecnología.[2,3] Entonces se dan cuenta de los problemas de la contaminación del aire, del agua y la pérdida de la fertilidad de la tierra, hechos que estaban repercutiendo, no solamente en la naturaleza, sino también en la salud humana.[4,5]

Los estudios actuales han demostrado repetidas veces que la contaminación del aire es también algo moderno y está destruyendo de forma acelerada la capa de ozono que envuelve el planeta y protege de la radiación ultravioleta.[6] De acuerdo a estos estudios, la destrucción de este escudo protector aumenta la tasa de cáncer en los humanos y, al mismo tiempo en el mundo vegetal, ya que interfiere negativamente en el proceso del crecimiento de las plantas.[7,8]

En relación al problema de la contaminación del agua (o contaminación hídrica), se ha encontrado un patrón similar ya que las aguas son constantemente contaminadas por residuos químicos de las industrias como también por desechos de basura y heces humanas. Este hecho, que va mano a mano con los comienzos de la industrialización, fue denunciado a partir de 1950. A pesar de que repetidamente los medios de comunicación informan sobre este problema, no es mucho lo que se dice con respecto a la relación de esta contaminación con el gran sector minero. Los estudios realizados sobre agua y minería, como el de los economistas peruanos Pedro Herrero y Óscar Millones, demuestran la alta inversión necesaria para llevar a cabo un proceso de purificación del agua, problema que impide lograr soluciones adecuadas.[9] Los pocos ambientalistas que tratan de dar a conocer estos hechos, quedan "predicando en el desierto". Uno de estos casos es el relacionado con el del Cerro de Pasco en Perú, ciudad considerada como el corazón minero del país, cuyos comienzos centrados en la minería (plata sumada ahora al cobre, zinc y plomo) datan del siglo XVI. Actualmente, este complejo (anclado en los deslaves y derrames de metales pesados arrojados por la actividad minera) tiene una población de 70.000 personas cuyos niveles de plomo en la sangre exceden a los que la Organización Mundial de Salud establece como nivel aceptable (10 microgramos). Usualmente, niños de solo tres años poseen en su cuerpo una cantidad ya de 20 microgramos de plomo.[10]

Estas situaciones dejaron de manifiesto que la prometedora revolución industrial había traído más daños que beneficios. En otras palabras, había producido una crisis ambiental, en muchos casos con consecuencias mortales. Este hecho no ha sido fácil de aceptar, a causa de las grandes inversiones económicas que se encuentran en juego, pero ya hacia las décadas de los ochenta y los noventa del pasado siglo XX, los gobiernos empiezan a reconocer la gravedad de la situación y tratan de solucionar el problema dictando medidas proteccionistas. Se origina así la Economía Ecológica conocida actualmente como la Economía Verde, término que fue usado en 1989 en un informe al gobierno del Reino Unido.[11]

Esta Economía Verde, a diferencia de la originaria Revolución Verde, enfatiza que el crecimiento económico debe ser controlado, ya que su desarrollo ilimitado en relación a productos que son limitados (agua, flora) pone en peligro la existencia de todo el planeta. En otras palabras, hay que buscar un balance entre los ecosistemas, la sociedad y la economía. Se supone que el énfasis en esta economía verde, dejará de lado la economía marrón (estrictamente economista), a la que se la acusa de estar preocupada de un crecimiento industrial solo para beneficio personal de los inversionistas de ese campo. Se podría decir que cada ecologista verde tiene en mente el antiguo proverbio: "Sé bondadoso con la tierra; no la heredas de tus padres, sino que la tomas prestada de tus hijos", lo cual significa que el futuro de la humanidad es de suma importancia para esta nueva visión de la economía.[12]

Sin embargo, estas ideas que son perfectas en teoría, en la realidad no se llevan a cabo. De acuerdo con Brooke Ward, en el caso del talaje de la selva de Brasil impera más el factor económico que el interés de conservar los recursos naturales.[13] Aunque la tala de árboles ha dejado más espacio para producir forraje para ganado y plantaciones de soya, algo que ha ayudado a la economía del país, no faltan los oportunistas que solo están pensando en lograr lucro a través de la exportación de madera. De esta forma, en un corto tiempo se ha hecho desaparecer el 20% de la selva. Este alto porcentaje hace vaticinar a los ambientalistas que ya antes del año 2030 el 60% de la selva amazónica habrá desaparecido, trayendo consigo el empobrecimiento de la tierra y una inevitable sequía.[14]

Estas informaciones estadísticas traen inmediatamente a la mente situaciones del pasado en que extensas cantidades de tierra fértil quedaron convertidas en desierto. Se ha dicho que estos cambios de escenario se deben solo a cambios climáticos, pero ahora los eruditos se preguntan: ¿hasta qué punto la mano del ser humano estuvo metida allí? Hace poco, investigadores patrocinados por la NASA, Sever y Griffin, demostraron que en la deforestación de las tierras del Imperio Maya tuvieron culpa sus propios habitantes. Según estos investigadores, los mayas tenían el método agrícola de talar y quemar árboles a fin de despejar tierras para el cultivo del maíz. En este proceso destruyeron en forma incontrolable intensas porciones de tierra sin tener o darse el tiempo de reforestar; y, como consecuencia, aumentaron las temperaturas del lugar, escaseó la lluvia y finalmente se produjo una gran sequía que los obligó a abandonar el lugar.[15] Aunque este descubrimiento está recién en sus inicios, se puede encontrar el mismo patrón en la isla de Pascua, tierra tapizada antiguamente de árboles (especialmente palmeras), pero que ahora solo produce una escasa flora. Los árboles del sector, al igual que lo que se está haciendo en la selva amazónica, fueron talados excesivamente produciendo el ciclo habitual de este proceso mortal para el planeta: deforestación, sequía, escasez de comida, pobreza.[16]

Los economistas de la visión verde han estado luchando fuertemente para evitar el uso incontrolado de los recursos limitados de nuestro planeta (un árbol necesita por los menos 15 años para reemplazar a uno talado). Por desgracia, cada vez que hay un desajuste económico de la sociedad, empieza a operar inmediatamente la economía marrón para la cual los problemas de destrucción ecológica quedan de lado. Los gobiernos aducen que la inversión necesaria para llevar a cabo los programas del sistema verde es demasiado alta para implementarlos. Por ejemplo, en el caso del Cerro Pasco de Perú, de acuerdo a periodistas de la región, la única solución que se ha ofrecido es trasladar a los 70.000 mil habitantes a otro sector, pero no se han tomado medidas para proteger el medio ambiente. Algo parecido ocurrió en Chile en relación a Chuquicamata, una mina de cobre y oro conocida como una de las de tajo abierto más grande del mundo. Cuando se empezó a presionar por un programa de seguridad ambiental, la población fue trasladada a un sector cercano (Calama) sin tomarse suficientes precauciones para evitar la contaminación del aire; como consecuencia, el 30% de la población sufre constantemente de enfermedades crónicas a las vías respiratorias, en muchos casos con resultados fatales.[17]

El alto costo de las inversiones formuladas por la economía verde ha generado propuestas que en su mayor parte quedan solo en los buenos deseos y en el papel, puesto que el verdadero obstáculo para fomentar una economía verde se encuentra en el factor monetario. Entre los grupos de economistas que reaccionan en contra de la preocupación ecológica se pueden visualizar dos. El primero, llamado 'los realistas', se enfocan directamente en la amenaza económica: si no hay una fuerte economía, es imposible utilizar dinero en proyectos de conservación ecológica; ejemplos de estos casos se hallan en la India o África. Constantemente se hace referencia a Senegal, cuyos recursos naturales han disminuido en una forma alarmante, dejando una población que a duras penas puede lograr una comida diaria para poder sobrevivir.[18]

Para estos realistas económicos (economía marrón) es más valioso concentrarse en el crecimiento económico del país, ya que éste traerá como resultado un quiebre del círculo de la pobreza en el cual se hunde cada vez más la población mundial. El postulado que se desprende de sus pensamientos es: a mayor crecimiento económico, mayor desarrollo económico. En otras palabras, de acuerdo a la capacidad que tiene una economía para producir más bienes y servicios, su población tendrá la posibilidad de tener una mejor vida, mayores oportunidades de trabajo, mejor educación.[19]

Frente a estos realistas económicos se yerguen los escépticos (también de la economía marrón) para quienes todas esas amenazas sobre la destrucción del medio ambiente no existen. Se basan en estudios que demuestran que los cambios de temperaturas son cíclicos y que al final la tierra puede regularse por sí misma. Por otra parte, se apoyan también en la idea de que, mediante el uso de una nueva tecnología, se pueden encontrar en el planeta otros recursos en otros lugares. Dentro de este grupo de escépticos se destacan los economistas de corte socialista que solamente ven la economía verde como otra faceta del capitalismo.[20]

Pese a todos estos impedimentos, los economistas verdes siguen persiguiendo sus metas, aunque no las puedan cumplir todas. Organizan debates, escriben libros y, a pesar de que saben que muchos políticos no están de acuerdo con ellos, luchan para que los gobiernos destinen presupuestos para mantener el medio ambiente saludable.

Frente al rápido deterioro de la naturaleza, se puede decir que los gobiernos actuales se han percatado de la gravedad de esta destrucción ecológica. No obstante, las constantes crisis económicas de las últimas décadas han inclinado a los gobiernos de las diferentes partes del mundo, cualquiera que sea su pensamiento en relación a lo ecológico, a centrarse solamente en el crecimiento económico de su sociedad.

El centro del debate de la economía verde es: "lo económico o lo ecológico", ¿pueden llevarse a cabo en forma conjunta o es mejor mantenerlos separados? Hay algunos políticos que piensan que esto es posible. Otros se siguen inclinando hacia lo prioritario del factor económico. Es entonces cuando aparece otro color en la economía: el azul, una nueva visión que se ha estado estableciendo en esta última década.

En 2011, el empresario belga Gunter Pauli publica su libro "La economía azul", en el cual postula que la economía verde es solo para una élite; es decir, los pobres no están en condiciones de comprar los productos que vienen de ella a causa de sus altos costos, por lo cual propone una economía imitativa al reciclaje de la naturaleza en la que todos pueden participar.[21] Es lo que ahora podríamos llamar el reciclaje de la basura. La base de sus postulados se concentra en lo siguiente: En la naturaleza, los nutrientes, materiales y energía siempre se reutilizan. En otras palabras, la basura no existe ya que la naturaleza evolucionó desde pocas especies hacia una rica biodiversidad.[22] Siguiendo este modelo, los empresarios pueden lograr una gran diversidad a partir de unos pocos productos desechables.

Esta economía es la que parece estar ganando rápidamente un prioritario puesto en la economía actual, mas ¿podrá eliminar los errores económicos del pasado? Eso es algo que está por verse. Mientras tanto, entre estos colores económicos, el lector se queda preguntando: ¿habrá una economía negra? La respuesta es un rotundo sí. Esta economía ha existido desde el principio, (desde cuando el ser humano empezó a intercambiar bienes) y está ligada directamente a la llamada economía ilegal. En nuestros tiempos abarcaría el lavado de dinero, el tráfico de drogas, armas y personas, el terrorismo; en otras palabras: el crimen organizado.

Con tantos colores en juego (ya que se pueden encontrar también las economías rojas, amarillas, naranjas y grises), uno se queda elucubrando: ¿Cuál de todas estas economías nos llevará a una economía blanca, en la que lo económico, los sistemas ecológicos y la sociedad coexistan armónicamente? ¡El tiempo lo dirá!

Notas

1. FAO, "El decenio de 1960", El estado mundial de la agricultura y la alimentación, Producido por el Departamento Económico y Social, FAO.
2. William Gaud, "The Green Revolution: Accomplishments and Apprehensions", The AgBioWorld Foundation, 8 de marzo de 1968.
3. Mankombu Sambasivan Swaminathan, "La Revolución Verde", Instituto Internacional de investigaciones sobre el arroz, Los Baños, Filipinas.
4. Raquel Barg Venturin y Fernando Queirós Armand Ugón, "Características de la revolución verde. Consecuencias del uso del paquete tecnológico", Ingenieros agrónomos.
5. Henk Hobbelink, *Más allá de la Revolución Verde. Las nuevas tecnologías genéticas para la agricultura, ¿Desafío o desastre?* (Barcelona: Lerna / ICDA, colección paz y conflictos, 1987), 219.
6. Javier Flores, "Londres y la Gran Niebla de 1952", La jornada México, Sección de opinión, 16 de diciembre de 2010.
7. Renyi Zhang, "Investigación", publicada en la revista Proceedings of the National Academy of Sciences, Universidad de Texas A&M (Estados Unidos).

8. Marshall Fisher, "La Capa de Ozono: La Tierra en peligro", (Edigrafos S. A., Madrid, Galbally, I. E. & C. R. Roy, 1991).
9. Pedro Herrera Catalán y Oscar Millones Destéfano, "¿Cuál es el costo de la contaminación ambiental minera sobre los recursos hídricos en el Perú?", Informe Final, (Lima), Pontificia Universidad Católica del Perú Departamento de Economía, julio de 2011.
10. Pablo Pérez Álvarez, "La infancia contaminada de Cerro de Pasco", Univisión noticias, 2 de junio de 2016.
11. David Pearce, Anil Markandya y Edward Barbier, *Blueprint for a Green Economy*, (London: Earthscan Publication, 1989).
12. Proverbio atribuido a múltiples autores anónimos, tanto de la comunidad keniana en África como a la de los aztecas en México y también a la antigua cultura china.
13. Brooke Ward, *Global Priorities: Being Green or Earning Green,* Mastering English through Global Debate (Georgetown University Press, 2014).
14. "Amazonas con fecha de caducidad", *BBC News Mundo*, 6 de diciembre de 2007.
15. "Forest Razing by Ancient Maya Worsened Droughts, Says Study", Lamont-Doherty Earth Observatory, Columbia University.
16. Jared Diamond, "Crisis Energética—El fin de los pascuenses", *Discover Magazine*, agosto de 1995, Traducción de Patricio Chacón Moscatelli.
17. Marín García y María Eulalia, "La deforestación: una práctica que agota nuestra biodiversidad", *Producción + Limpia* (2016): 161–68.
18. "95 % de contaminación de Calama proviene de mineras", El Mercurio, Chile, marzo de 2009.
19. Michel Malagnoux, El Hadji Sène y Nir Atzmon, "Bosques, árboles y agua en las tierras áridas: un equilibrio delicado", *Unasylva: revista internacional de silvicultura e industrias forestales* 58, no. 229 (2007): 24–29.
20. Vilches, A., Gil Pérez, D., Toscano, J.C. y Macías, O, "Economía y Sostenibilidad" [artículo en línea], OEI, Universitat de València y Organización de Estados Iberoamericanos para la Educación, la Ciencia y la Cultura, 2014.
21. Edgar Jaimes, "Eco-Socialismo. Una visión más allá de Río+20", http://rio20.net/wp-content/uploads/group-documents/26/1336616322-Eco-Socialismo.UnavisinmsalldeRo20.pdf.
22. Gunter Pauli, *La economía azul* (Tusquets Editores S.A., España: 2011).

Comprensión de la lectura

A. Seleccione la respuesta más apropiada para cada pregunta:

1. Este artículo tiene como propósito principal...
   a. explorar las posturas sostenidas por cada uno de los lados opuestos: economía vs. ecología, y los efectos de elegir uno sobre el otro.
   b. exponer normativas concretas que deberían ser implementadas específicamente en los Estados Unidos.
   c. proveer al lector de argumentos relevantes en cuanto al desarrollo socioeconómico actual.
   d. persuadir al lector a tomar parte en la guerra activa en contra de la producción de energías no-renovables.

2. ¿Cómo podríamos resumir la idea principal de este artículo?
   a. El desarrollo económico, en su mayoría, se lleva a cabo a pesar de las graves repercusiones en contra de la conservación ambiental.
   b. En general, los científicos no están de acuerdo en que el agotamiento de los recursos naturales sea una amenaza para la raza humana.
   c. La conservación ambiental continúa en entredicho debido a la dificultad de mantener el balance entre su protección y los beneficios económicos.
   d. La preservación del medio ambiente continúa siendo desplazada por la obtención de lucro y ventajas económicas en los países desarrollados.
3. De acuerdo con la información presentada en el texto, se podría decir que la Revolución Verde...
   a. tuvo lugar solamente en los países que salieron más afectados después de la Segunda Guerra Mundial.
   b. marcó una pauta positiva en la economía mundial al introducir una fórmula de superación en la era de la posguerra.
   c. tenía como único enfoque el desarrollo de tecnología avanzada para maquinarias e instrumentos mecánicos.
   d. desafortunadamente no produjo los resultados esperados al mantener el PIB de los países a niveles muy bajos.
4. ¿Qué conclusión se puede extraer en cuanto a las investigaciones realizadas sobre la sociedad del Imperio maya y la de la Isla de Pascua?
   a. Sus habitantes desarrollaron un alto nivel de concientización sobre el cuidado y mantenimiento de sus recursos naturales.
   b. Estos pueblos se han convertido en un ejemplo a seguir en la actualidad, debido a sus avanzados sistemas de irrigación y cultivo del maíz.
   c. No existe una correlación directa entre los diferentes tipos de agricultura que existieron en ambos territorios y los motivos de su deforestación.
   d. El equilibrio entre el cuidado del medio ambiente y la explotación de los recursos naturales ya ha sido un tema problemático en otras épocas.
5. El artículo nos explica que los defensores del medio ambiente...
   a. proponen sacrificar el desmedido desarrollo económico de algunos países y evitar su aumento ante la emergencia ecológica actual.
   b. demandan atención inmediata a los asuntos ambientalistas para poder así asegurar el futuro del planeta.
   c. consideran que ya se han agotado los recursos no-renovables y se han generado consecuencias irreversibles.
   d. plantean como solución innovadora enviar desechos al espacio para evitar mayor contaminación en los océanos y preservar la vida marítima.

6. La opinión que los realistas han presentado en cuanto a la protección del medio ambiente podría ser resumida de la siguiente manera:
   a. Es imposible justificar el costo y el tiempo que implicaría encontrar soluciones a los problemas ecológicos al evaluar otras amenazas económicas de mayor urgencia.
   b. Una fuerte economía no depende ni del cuidado ni de la preservación ambiental, por lo que entonces se debe priorizar el auge económico.
   c. Los sistemas económicos a nivel mundial generan valiosos recursos financieros que podrían ser perfectamente bien invertidos en el cuidado y mantenimiento del ambiente.
   d. Cuanto mayor crecimiento y desarrollo económico haya, más disminuye entonces la capacidad que tiene una economía para atender las amenazas ambientalistas que existen.
7. Los escépticos generalmente se oponen a los movimientos pro-ambientalistas, ya que...
   a. creen que los problemas ecológicos son exagerados o inexistentes.
   b. piensan que ya se ha intentado todo para conservar el ambiente.
   c. desaprueban las ideas generadas por economistas de tendencia socialista.
   d. no tienen suficiente peso político para influir en la toma de decisiones.

B. Complete las siguientes oraciones con la información presentada en el texto:

1. De acuerdo con los defensores del medio ambiente, la preservación de los recursos naturales debería tomar precedencia ante los intereses económicos, ya que
   ____
2. Algunos ejemplos del impacto negativo en el medio ambiente en los países en vías de desarrollo son
   ____
3. La tala de la selva brasileña ha brindado atractivas oportunidades económicas, al
   ____
4. Las investigaciones llevadas a cabo por Sever y Griffin confirman que
   ____
5. Aquellos que primordialmente defienden el crecimiento económico mantienen que
   ____
6. El título del texto sugiere
   ____
7. La relación que se puede establecer entre los colores verde, marrón, azul, negro y blanco con la economía es
   ____

Dominio del vocabulario

En el texto *Una economía en colores* se presentan diversas colocaciones y combinaciones léxicas en las que los sustantivos (o nombres) se combinan con un adjetivo o con otro nombre unidos por una preposición. Observe el siguiente esquema en el que se presentan algunos ejemplos:

Vocabulario activo de colocaciones	
Economía y medio ambiente	**General**
1. las actividades lucrativas	1. a duras penas
2. las amenazas reales/irreales	2. el beneficio personal
3. la biodiversidad inherente	3. el crimen organizado
4. la capa de ozono	4. de forma alarmante
5. el crecimiento controlado	5. dejar de manifiesto
6. el deterioro de la naturaleza	6. dejar de lado
7. la economía verde/marrón	7. la diversidad cultural/étnica/política
8. el escudo protector	8. la inversión necesaria
9. el factor económico	9. el lavado de dinero
10. las informaciones estadísticas	10. el sector agrícola
11. las minas de tajo abierto	11. el siglo XX
12. los productos desechables	12. las soluciones a corto/largo plazo
13. el programa de seguridad ambiental	13. el tráfico de armas/drogas/personas
14. el reciclaje de basura	14. el verdadero obstáculo
15. los recursos limitados/ilimitados	15. no faltan los oportunistas

A continuación, complete la siguiente tabla cambiando, si es posible, las formas de la otra columna según el ejemplo:

Sustantivo + Adjetivo	Sustantivo + Preposición + Sustantivo
sector agrícola	Ejemplo: **sector de agricultura**
Ejemplo: **cantidades sulfúricas**	cantidades de azufre
manipulación genética	
	conflicto por las armas
contaminación hídrica	
sector minero	
	purificación del agua
	exportación de madera
selva amazónica	
cambio climático	
	quema sin control

Expansión del vocabulario

A. Cree un banco de palabras y colocaciones que sean pertinentes a cada color de las economías que se presentan en el texto:

verde	marrón	azul	negra	blanca

B. Complete los mapas conceptuales que comenzó en la sección de prelectura usando el vocabulario activo y las colocaciones del cuadro anterior. Para hacer esto, puede necesitar expandir sus asociogramas agregando nuevas cajas y conexiones.

C. Elija cinco colocaciones relacionadas con la economía y la conservación de la actividad anterior. Escriba una oración para cada colocación que apoye o condene uno de los aspectos que se describen en el artículo, tales como la quema de combustibles fósiles o la contaminación hídrica.

1. ______________________________
2. ______________________________
3. ______________________________
4. ______________________________
5. ______________________________

Exploración del significado

A. La clase se divide en grupos de 4 alumnos. Estos grupos se subdividen en parejas y a cada pareja se le asigna una posición: defender el medioambiente o defender el progreso económico. Basándose en el banco de palabras anteriormente creado u otras extraídas del texto *Una economía en colores*, presenten cinco aspectos que defiendan su tema y construyan cinco preguntas que desafíen el tema opuesto, asignado a sus compañeros/as de grupo.

Puntos a favor	Preguntas sobre la posición contraria
•	•
•	•
•	•
•	•
•	•

B. En parejas y con los puntos anteriores, creen oraciones y provean dos elementos de evidencia para cada uno de los cinco aspectos de la posición que van a defender.

Puntos a favor

1. ______________________________
2. ______________________________
3. ______________________________

4. ______________________________
5. ______________________________

C. Reconfigúrense en los grupos de cuatro. Con el vocabulario activo y las colocaciones, propongan soluciones a las preguntas presentadas por sus compañeros/as de grupo.

Preguntas recibidas	Posibles soluciones
•	•
•	•
•	•
•	•
•	•

Comentando el artículo

Con un/a compañero/a, conteste las siguientes preguntas usando el banco de palabras y colocaciones previamente creado (en la sección "Expansión del vocabulario"):

1. En vez de Una economía de colores, ¿qué otro título podría haber recibido este artículo en su opinión? Expliquen su(s) propuesta(s).
2. Después de leer la información presentada sobre el talaje en Brasil y en la Isla de Pascua (Chile), ¿cómo consideran ustedes que los gobiernos de esos países podrían intervenir para contribuir a la preservación ambiental en esas áreas?
3. La autora del artículo señala que "los pocos ambientalistas que tratan de dar a conocer estos hechos, quedan 'predicando en el desierto'". ¿Cómo podrían explicar esa frase con sus propias palabras? ¿Están de acuerdo con lo que se indica en esa oración? Explique el porqué.
4. En su opinión, ¿consideran que los gobiernos deberían preocuparse más por los efectos de la economía en el medio ambiente a corto plazo o a largo plazo? Expliquen su respuesta.
5. ¿Cuál es la diferencia primordial entre los realistas y los escépticos en cuanto a su apoyo al crecimiento económico y su crítica a la proecología?

6. En su opinión, ¿cómo deberían determinar los gobiernos lo que constituye daños o amenazas ambientales?
7. ¿Consideran ustedes que la opinión pública afecta hoy en día las decisiones políticas en relación a la economía y a la protección del ambiente? Expliquen sus respuestas y, de ser posible, mencionen también algún ejemplo concreto.
8. Los realistas sostienen que la única forma en la que un gobierno puede proveer medios para la protección del medio ambiente es primeramente desarrollando su economía. ¿Podrían compartir algún ejemplo específico de esto de lo que ocurre en sus países/lugares de origen, o de algún país de habla hispana?
9. ¿Cómo creen ustedes que se lleva el debate entre el balance de la preservación ambiental y el crecimiento económico en sus lugares de origen?

Construcción del discurso crítico

Reconociendo los eufemismos

Según el diccionario de la Real Academia Española, el eufemismo se define como "la manifestación suave o decorosa de ideas cuya recta y franca expresión sería dura o malsonante". Los eufemismos aparecen comúnmente en los medios oficiales y promueven la corrección política minimizando los hechos desagradables mediante el uso de palabras sutiles. Identificar eufemismos a veces puede presentar un desafío para un hablante no nativo; por ello, es importante reconocer cómo se manifiestan en el lenguaje hablado.

A. Conecte las palabras de la columna izquierda con el eufemismo de la columna derecha:

1. ______ Desarrollar el terreno	a. Económico
2. ______ Pérdida de trabajo	b. Subdesarrollado
3. ______ Barato	c. De bajos recursos
4. ______ Tercermundista	d. Desempleo
5. ______ Pobre	e. Explotar la tierra
6. ______ Incidente	f. Desastre

B. Identifique el eufemismo que se encuentra en las siguientes oraciones para las palabras *barato, pobre, pérdida de trabajo, explotar, desastre*

1. ______ Una gran corporación *desarrolló* vastas zonas del bosque tropical.
2. ______ Se desconocen las circunstancias bajo las cuales sucedió el *incidente* del golfo.

3. ______ En la distribución de los recursos financieros para la preservación del ecosistema local, el nuevo gobernador sugirió planes *económicos*.
4. ______ Las naciones *subdesarrolladas* dependen fuertemente de la ayuda de las organizaciones internacionales.
5. ______ Durante la crisis financiera, muchos ciudadanos experimentaron *desempleo*.

C. Registro. Con frecuencia el registro formal se vale de eufemismos. Escriba las siguientes oraciones completas cambiando el registro:

Registro coloquial	Registro formal
Hay basura por todas partes en las playas	El litoral presenta deshechos
Los pobres tienen cada vez menos dinero	
Los bancos nos engañan	
Siempre afecta más a los pobres que a los ricos	
Echaron a algunos del trabajo	

Formación de hipótesis

A. El Sputnik fue el primero de varios satélites lanzados por la Unión Soviética y un desencadenante de la carrera espacial entre la URSS y los EE.UU. Estudie la cita de Thomas L. Friedman e identifique similitudes entre la China actual y la antigua Unión Soviética.

> Creo que la decisión por parte de China de volverse verde es el equivalente en el siglo XXI al lanzamiento del Sputnik por la Unión Soviética en 1957… Y cuando China decide que volverse verde es una necesidad, ¡hay que tener cuidado! No estaremos comprando solamente juguetes de China, estaremos comprando el próximo auto eléctrico, paneles solares, baterías y software de eficiencia energética.

B. Con el patrón para construir hipótesis que se muestra a continuación, responda a las siguientes preguntas sobre la cita de Friedman.

Condición	+	Consecuencia
• Si + presente de indicativo		• presente de indicativo • futuro de indicativo • imperativo
• Si + imperfecto de subjuntivo • Si + pluscuamperfecto de subjuntivo	→	• forma perifrástica (ir a + infinitivo) • condicional • condicional perfecto

Ejemplos:

Si China decide volverse verde, compraremos pronto sus productos ecológicos.

Si China decidiera volverse verde, compraríamos pronto sus productos ecológicos.

Si China hubiera decidido volverse verde antes de firmar el acuerdo, habríamos comprado entonces sus productos ecológicos.

1. ¿Cuáles serán las consecuencias ambientales de la aspiración de China a convertirse en una potencia ecológica de la comunidad global?
2. ¿Qué efectos negativos podría tener tal decisión en la economía mundial?
3. ¿Qué beneficios para la comunidad global podrían resultar de tal decisión?
4. ¿Qué retos podría enfrentar China en el proceso de lograr este objetivo?
5. Si el lanzamiento del Sputnik no hubiera ocurrido, ¿cómo habría cambiado la historia? ¿qué relación podría tener este suceso con el desafío ecológico en el que ahora nos encontramos?

Debate de práctica

En grupos de dos, improvisen un breve diálogo entre los siguientes personajes. Represéntelo ante la clase.

Primer diálogo

Estudiante A: Un candidato político hace una fuerte campaña para conseguir un escaño del gobierno local. Es un activista ambientalista.

Estudiante B: Un representante enfatiza el desarrollo económico en la comunidad.

Segundo diálogo

Estudiante A: Un político del gobierno federal desea eliminar el déficit del presupuesto federal.

Estudiante B: Un miembro de un grupo de presión (lobbyist) pide fondos para llevar a cabo investigaciones sobre las energías renovables.

Tercer diálogo

Estudiante A: Un representante de una corporación grande está intentando abrir una sucursal en un nuevo lugar.

Estudiante B: Un organizador político a quien le interesa más la preservación del ecosistema único de la región.

Comprensión auditiva

Preparación

Antes de escuchar el archivo de audio, complete la siguiente tabla con predicciones sobre los argumentos que crea que va a escuchar.

La conservación ambiental no debe llevarse a cabo a costa del crecimiento económico	El crecimiento económico no puede servir como excusa para el deterioro ambiental
•	•
•	•
•	•
•	•
•	•
•	•

Mientras se escucha

A. Atienda a la comprensión general: Escuche el archivo de audio 1.2 y ponga una marca junto a los argumentos que aparecen en la tabla del ejercicio anterior. Añada argumentos adicionales que falten en su tabla.

B. Preste atención a los detalles específicos: Escuche de nuevo el archivo de audio y clasifique los argumentos que enumeró en la tabla anterior como "fuertes" o "débiles". Proponga formas de mejorar o fortalecer los argumentos que etiquetó como "débiles".

Después de escuchar

A. ¿De qué lado cree que se presenta un argumento más persuasivo? Apoye su opinión citando el argumento más fuerte que se presente.

B. En cada debate alguien tiene la última palabra. Prediga la respuesta del lado opuesto ante el último argumento escuchado.

Construyendo el argumento: el proceso escrito

Ensayo de opinión: planificando el contenido

Un ensayo de opinión es un texto argumentativo o persuasivo en el que, como en un debate, se presenta y defiende un lado de un problema y se usa para convencer a la audiencia de la razón de la postura que se ha tomado. Antes de escribir un ensayo de opinión, es preciso considerar detenidamente el contenido abordando múltiples aspectos de un problema para presentarlos de manera que sea fácil de entender para el lector. Para convencer a la audiencia de que los argumentos que se presentan son válidos y que las contrademandas del lado contrario no lo son, dichos argumentos se deben apoyar con evidencia persuasiva.

Por ello, antes de escribir un ensayo persuasivo, es imprescindible adquirir evidencia de los puntos que se pretenden presentar y para ello hay que investigar bien el tema. Se puede empezar con una lista de ideas y recomendaciones, considerando cómo apoyar o refutar cada una. Incluya la siguiente información para apoyar sus ideas:

Tipo de información	Tipo de fuente
general	guías, enciclopedias, almanaques
especializada	libros, informes oficiales
académica	revistas académicas
estudios de caso	agencias y asociaciones gubernamentales
estadística	informes de asociaciones y agencias
investigación	particulares diversas

A. Identifique varias fuentes potenciales para su ensayo de opinión. Elija varios tipos de fuentes, por ejemplo, enciclopedias, artículos académicos y artículos de periódicos. Liste aquí sus fuentes.

____

B. Lea el siguiente ensayo persuasivo de manera crítica y responda a las siguientes preguntas:

1. ¿El autor hace suposiciones? Si es así, ¿cuáles son?
2. ¿Qué tipo de prueba ofrece el autor para sus afirmaciones?
3. ¿Qué información adicional incluiría para fortalecer esa postura?

El ciclo irónico de la supervivencia (ensayo de opinión)

Oriana Reyes, Chile

Nuestra cadena de supervivencia, la cual se estableció desde los comienzos de la humanidad, se centra en el verbo comer y en el sustantivo protección: no hay comida, no hay vida; no hay resguardo físico, no hay grandes posibilidades de mantenerse vivo. Basta echar una mirada a nuestros alrededores para deducir que todos los recursos, tanto alimenticios como de comodidad, se producen en el medio ambiente que nos rodea. A partir de este postulado, "vox populis", se desarrolla la gran controversia actual: conservación del ambiente versus desarrollo económico.

Resulta irónico que estos dos hechos de suma importancia para la humanidad actualmente se encuentren inmersos en una batalla tan reñida de la cual no se saca nada positivo. Por ejemplo, en Chile, durante el año 2011, fue aprobado el proyecto HidroAysén que contemplaba la construcción y operación de cinco centrales hidroeléctricas, dos en el río Baker y tres en el río Pascua, ubicadas en la región de Aysén, al sur de Chile. De acuerdo a la empresa eléctrica, el proyecto podría haber cubierto el 21% de la demanda eléctrica del país y hasta exportarla al país colindante, Argentina.

Sin embargo, los sectores ambientalistas arguyeron que el proyecto causaría daños al medio ambiente afectando a seis parques nacionales, 11 reservas nacionales, entre otros 26 sitios prioritarios de conservación. Como resultado, el proyecto fue abortado en 2017 causando que Chile tuviera que entrar en negociaciones con Argentina para importar electricidad desde allí y a un costo mucho más elevado.[1] En cuanto al medio ambiente, no hay hasta el momento ninguna medida de inversión para mantener la belleza del lugar, a no ser la relacionada al turismo, lo cual solo aboga por más entradas económicas. Este hecho reduce toda la problemática a solo una parte de la gran controversia: desarrollo económico.

En otras palabras, aunque el cuidado del medio ambiente es una gran meta, en la realidad es casi imposible de llevar a cabo, sobre todo en países que se encuentran en constante lucha por mayores recursos de supervivencia, como en Senegal donde las personas de sectores de bajo nivel económico apenas pueden lograr una comida al día.[2,3] ¿Cuál es el problema? El uso incontrolado de los recursos limitados de nuestro planeta más el nacimiento de un nuevo factor.

En su lucha por la supervivencia, el ser humano ha desarrollado otro nivel de necesidad: el logro de riquezas. En su afán por lograr este mayor beneficio económico, empieza a explotar los recursos ambientales como si estos fueran eternos. Por ejemplo, en una tala de bosques, casi nadie pone atención al hecho de que un árbol necesita por los menos 15 años para reemplazar a uno que ha sido cortado. Lo importante es conseguir un alto ingreso a corto plazo y, consecuentemente, el pobre árbol se convierte en un jugoso signo $ del momento. Nadie quiere esperar 15 años para obtener un beneficio económico.

Este hecho nos lleva al problema de Brasil. Quienes enfatizan el desarrollo económico sobre la mantención del medio ambiente, sostienen que, pese a la enorme tala de árboles hecha en este país, tanto la economía general como el nivel de vida de su población siguen mejorando rápidamente; sin embargo, no se profundiza el hecho que por el momento estamos frente a inmensas selvas, pero con el paso de los años esos recursos van a ir mermando.[4] No hay que olvidar que estos recursos naturales son finitos.

Ward en su artículo "Being Green or Earning Green" hace notar que, aunque la tala de árboles en Brasil ha dejado más espacio para producir forraje para ganado y plantaciones de soya (algo que ha ayudado a la economía del país), en un corto tiempo ha hecho desaparecer el 20% de la selva.[5] Este alto porcentaje hace vaticinar a los ambientalistas que ya antes del año 2030, el 60% de la selva amazónica habrá desaparecido, trayendo consigo el empobrecimiento de la tierra y una inevitable sequía.

Por desgracia, cada vez que hay un desajuste económico de la sociedad, los gobiernos aducen que la inversión necesaria para llevar a cabo los programas para mejorar el medio ambiente es demasiado alta para implementarlos. Estos choques entre percepciones económicas opuestas se reflejan en el libro Crítica de la economía verde, publicado en 2015 por de la Fundación Heinrich Böll.[6] En breve, el verdadero obstáculo para enfatizar el cuidado del medio ambiente se encuentra en el factor monetario.

Sin embargo, hay un hecho notable relacionado con la economía canadiense. En 2006, Canadá hizo una inversión de millones de dólares en iniciativas climáticas con el propósito de reducir los problemas de efecto invernadero. El resultado fue todo lo contrario a lo esperado: aumentaron los efectos negativos y empeoró la economía. De acuerdo con el autor, ese dinero podría haberse empleado en la economía y no en el medio ambiente.[7]

En conclusión, los puramente economistas postulan que un desarrollo económico traerá como resultado un quiebre del círculo de la pobreza en el cual se hunde cada vez más la población mundial. Por desgracia, la evidencia señala que el enfoque en una sola parte de la controversia no produce los resultados esperados porque nos hemos olvidado del nuevo factor introducido en esta controversia: el lucro personal. Solo queda por decir lo siguiente: o los gobiernos aprenden a armonizar ambas caras de la moneda, poniendo de lado lo personal, o seguiremos de mal en peor.

Notas

1. "HidroAysén: Chile con energía", El proyecto HidroAysén, http://www.hidroaysen.cl/.
2. Babou Diallo, "Price hikes on food increases problems in Senegal", http://www.dw.com/en/price-hikes-on-food-increases-problems-in-senegal/a-15129266.
3. Michel Malagnoux, El Hadji Sène y Nir Atzmon, "Bosques, árboles y agua en las tierras áridas: un equilibrio delicado", *Unasylva: revista internacional de silvicultura e industrias forestales* 58, no. 229 (2007): 24–29.
4. Scott Wallace, "Farming the Amazon", *National Geographic*, 2010.
5. "Amazonas con fecha de caducidad", *BBC News Mundo*, 6 de diciembre de 2007.
6. *Biodiversidad en América Latina* (Fundación Heinrich Böll: 2015).
7. David Owen, "Economy vs Environment", New Yorker, 30 de marzo de 2009.

Redacción del ensayo de opinión

Escriba un ensayo persuasivo o de opinión sobre el tema de "economía versus ecología". Debe tener una extensión de cinco a seis párrafos e incluir colocaciones del vocabulario activo de este tema.

Construyendo el argumento: el proceso oral

Implementación de estrategias retóricas

A. Estudie la siguiente nota:

Nota de estrategia 1 Al igual que un juego de ajedrez, hay diferentes estrategias que se pueden usar cuando se debate con alguien. Los filósofos griegos sugirieron al menos cinco de ellas, las cuales se enumeran a continuación en forma de pregunta y podrían usarse como parte de las estrategias al debatir los temas:

1. Preguntas de conjetura (¿Qué pasaría si...?): ¿Qué pasaría si diéramos la máxima prioridad al desarrollo económico todo el tiempo y en todas las situaciones?
2. Preguntas de definición: ¿Qué significa "medio ambiente"? ¿Forman los humanos parte del "medio ambiente" de la misma forma que la naturaleza o el clima?
3. Preguntas de causa y efecto: ¿Cuáles son los resultados probables de un aumento en las temperaturas globales?
4. Preguntas de valoración: ¿Tienen los seres humanos la responsabilidad de proteger el medio ambiente como, por ejemplo, la selva brasileña, incluso a costa de mejorar la vida humana?
5. Preguntas de procedimiento: ¿Cómo se puede desarrollar un enfoque de sostenibilidad que proteja al medio ambiente y además ayude a las naciones a desarrollarse económicamente?

En esta unidad nos enfocaremos en la primera estrategia: el argumento de la conjetura. Estos argumentos proponen una afirmación hipotética, o "si..., entonces..." que presenta una lógica positiva como extensión de su posición, o una extensión lógica negativa de la otra postura.

B. Revise el texto resaltando las palabras o frases importantes que podría usar para apoyar su postura en el debate. Por ejemplo, si está argumentando que el desarrollo económico debe dar mayor prioridad a la protección del medio ambiente, es posible que desee concentrarse en las declaraciones que discuten qué sucedería si se diera mayor prioridad a las preocupaciones ambientales sobre el desarrollo económico. Enumere cinco conjeturas importantes que respalden su lado del argumento.

1. ______________________________
2. ______________________________
3. ______________________________
4. ______________________________
5. ______________________________

Cómo presentar el tema

Utilice las siguientes expresiones para presentar el asunto. Repase las expresiones e incorpórelas en la tarea escrita y oral.

1. Es de todos conocido que...
2. Muchas personas suelen creer que...
3. Es de sentido común que...
4. Se cree que...
5. Todo el mundo estaría de acuerdo con que...

Cómo responder a las preguntas

Utilice las siguientes expresiones para responder a las preguntas. Repase las expresiones e incorpórelas en la tarea escrita y oral.

1. Gracias por preguntar. Entiendo lo que Ud. dice, no obstante...
2. Estoy totalmente de acuerdo con usted... Lamento no poder darle esa información puesto que...
3. Sí, entiendo la pregunta, pero...
4. Es un asunto de gran importancia, pero...
5. Gracias por mencionar eso; sin embargo, es preciso tener en cuenta que...
6. Aprecio mucho su comentario, pero de todas formas...

Cómo defender el punto de vista

A. Presentación oral: Haga una presentación oral de 3-5 minutos defendiendo su posición sobre unos de estos temas. Después de practicar, grabe la presentación y escúchela. ¿Cuáles son los puntos fuertes y débiles de la grabación? Haga la presentación ante la clase.

B. Tema para el debate: Energía y cambio climático. Dividan la clase en dos grupos. El grupo A debe defender la postura desde un punto de vista que apoye la concienciación del cambio climático con evidencia científica, y el grupo B debe tomar la posición que apoye las energías tradicionales, expresen mayor escepticismo con respecto al cambio climático y defienda principalmente el progreso económico de la sociedad. Encuentren argumentos convincentes para su posición y puntos débiles en la posición contraria. Escriban una lista de las distintas perspectivas de ambos grupos políticos.

Reflexión

Autoevaluación

A. Reflexione sobre el tema 1. Puntúe, de 1 a 6 su nivel de preparación para el debate:
1. Estaba preparado/a para el debate.
2. Estaba motivado/a para debatir este tema.
3. Me esforcé mucho en prepararme para debatir este tema.

1	2	3	4	5	6
Totalmente de acuerdo	De acuerdo	Parcialmente de acuerdo	Parcialmente en desacuerdo	En desacuerdo	Totalmente en desacuerdo

B. Si la mayoría de sus respuestas están en el lado derecho de la escala, ¿qué puede hacer para desplazarse hacia el lado izquierdo? Si la mayoría de sus respuestas están en el lado izquierdo de la escala, ¿qué puede hacer para mantenerse allí?

Repaso de vocabulario

Identifique diez colocaciones que haya aprendido de esta unidad de estudio, prestando especial atención a las que hayan sido más útiles para debatir el tema.

1. ______
2. ______
3. ______
4. ______
5. ______
6. ______
7. ______
8. ______
9. ______
10. ______

Intervencionismo o aislamiento

El dilema de la democracia y el intervencionismo: la historia se repite

Related NCSSFL-ACTFL Can-Do Statement:
I can understand the multiple perspectives conveyed in an editorial for a newspaper or magazine about a current social, cultural or political issue or controversy.

Antes de la lectura

Presentación del tema

A. Con un/a compañero/a conteste las siguientes preguntas prestando atención a las fotografías y sus descripciones correspondientes.

Tres chicas critican a otra considerada "no popular".

Tres amigos discuten después de clase.

Un joven descubre que ha perdido su empleo.

1. ¿En cuál de estas situaciones cree que alguien intervendría? ¿Por qué?
2. ¿Qué factores determinan que alguien ofrezca o no ayuda a las personas que se muestran en las imágenes?
3. En su opinión, ¿estamos obligados a ayudar a los demás solo cuando nos lo piden o en cualquier momento si notamos que necesitan ayuda? Defienda su opinión.
4. Cuéntele a su compañero/a sobre un momento en el que ayudó a alguien que no le había pedido ayuda. ¿Qué pasó? ¿Cómo reaccionó esa persona?

B. Estudie la **Nota lingüística** sobre la definición y el origen de las palabras "democracia" y "soberanía" a través de las definiciones procedentes del DLE (*Diccionario de la lengua española*).

Nota lingüística		
	Democracia	**Soberanía**
Definición	Doctrina política según la cual la soberanía reside en el pueblo, que ejerce el poder directamente o por medio de representantes.	Poder político supremo que corresponde a un Estado independiente
Ejemplo	"Latinoamérica presenta una paradoja: es la única región del mundo que combina regímenes democráticos en la casi totalidad de los países que la integran, con amplios sectores de su población viviendo por debajo de la línea de la pobreza, con la distribución del ingreso más desigual del planeta, con altos niveles de corrupción y con las tasas de homicidio más elevadas del mundo. En ninguna otra región, la democracia tiene esta inédita combinación que repercute en su calidad." Daniel Zovatto, director regional para América Latina y el Caribe, IDEA Internacional.	"Nuestro sueño seguirá más fuerte que nunca, vamos a seguir reclamando lo que creemos que es legítimo, que es la soberanía sobre esas islas." Mauricio Macri (ex presidente de Argentina) a las familias de los soldados muertos en la guerra de las Malvinas (abril 2018).
Sinónimos	liberalismo, libertad, pluralismo, tolerancia	autonomía, independencia, preponderancia, soberanía
Antónimos	absolutismo, despotismo, dictadura, oligarquía, tiranía, totalitarismo	acatamiento, dependencia, obediencia, sometimiento, sumisión, subordinación

Nota lingüística		
	Democracia	Soberanía
Diferencia	La diferencia de significado entre "democracia" y "soberanía" es que la democracia implica liberarse de la dictadura dentro de un país, mientras que la soberanía implica liberarse del control externo.	

C. Analice el título *El dilema de la democracia y el intervencionismo: la historia se repite.*

1. ¿Cómo caracterizaría la relación entre los procesos de "difundir la democracia" e "intervenir en un país soberano"?
2. ¿Cree que estos procesos (a) se contradicen entre sí, (b) se complementan o (c) son compatibles entre sí? Explique su razonamiento.
3. Otros conceptos a tener en cuenta son el principio de no intervención, declarado por varios países en diferentes circunstancias históricas, así como el derecho de autodeterminación, reflejado en numerosas resoluciones de la ONU. ¿Cómo se pueden relacionar con los procesos anteriormente mencionados?

D. Retomando como referencia el título *El dilema de la democracia y el intervencionismo: la historia se repite*, haga una lista de aspectos que podrían aparecer en el artículo:

1. Soberanía
2. ______________________________
3. ______________________________
4. ______________________________
5. ______________________________

Creación de mapas conceptuales (asociogramas)

A. Haga una lluvia de ideas con cuantas palabras conozca asociadas a los desafíos que un país podría enfrentar en sus asuntos nacionales y extranjeros. Organice sus ideas para crear dos mapas conceptuales separados, según el patrón mostrado más abajo. Después de leer el artículo podrá agregar más información, así que por ahora, se pueden dejar algunas casillas en blanco.

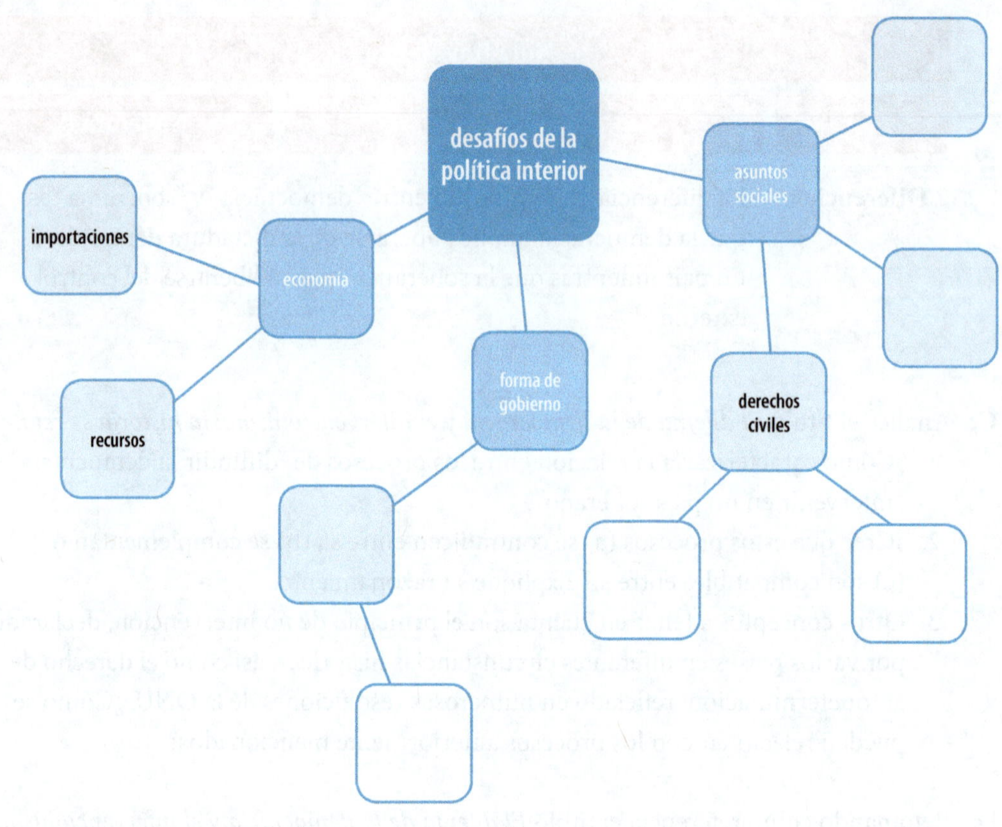
desafíos de la política interior
asuntos sociales
importaciones
economía
forma de gobierno
derechos civiles
recursos

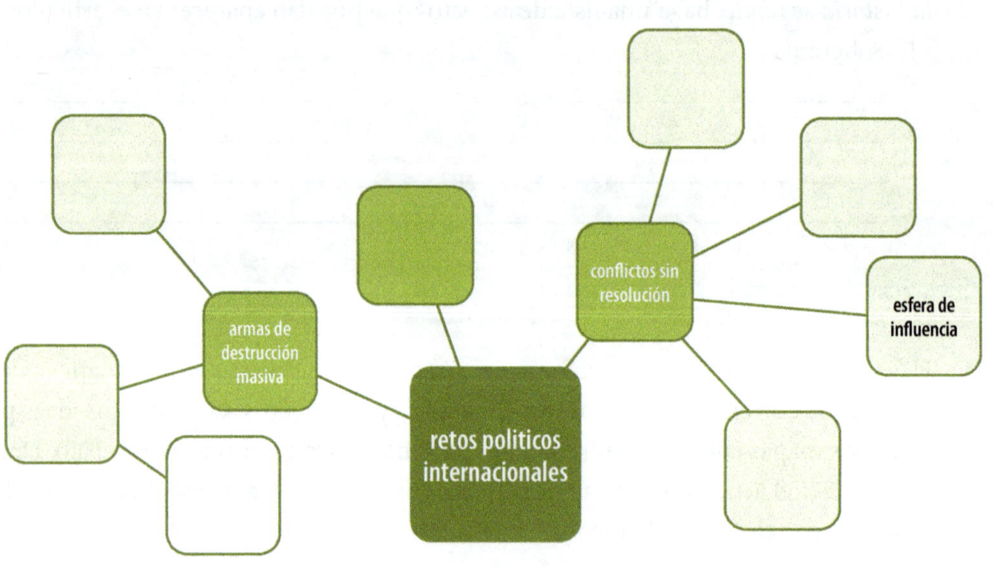
conflictos sin resolución
esfera de influencia
armas de destrucción masiva
retos politicos internacionales

B. Compare sus asociogramas o mapas conceptuales con los de sus compañeros/as para generar ideas adicionales. Después de completar los dos asociogramas, decida qué áreas temáticas pueden ayudar a superar la brecha entre los dos mapas. En otras palabras, ¿qué cuestiones relacionadas con los desafíos de la política interior y de la externa presentan aspectos en común?

Profundizando en las ideas y opiniones

A. Lea las siguientes citas de varios presidentes sobre las relaciones internacionales. Busque palabras que se puedan añadir a los mapas anteroriores.

Voy a decírselo con absoluta claridad: quien venga aquí tiene que asumir los principios, los valores y la cultura que hay aquí.

Mariano Rajoy Brey, Presidente del Gobierno de España (2011-2018)

Quiero anunciarles que vamos a ampliar la recepción de refugiados de Siria o de sus países vecinos privilegiando a grupos familiares con niños. Estoy listo para comenzar un diálogo abierto que incluya por supuesto el tema de soberanía sobre las islas Malvinas.

Mauricio Macri, Presidente de la Nación Argentina (2015-2019)

Hay una guerra menos en el planeta. Estamos pasando la página de la guerra para comenzar a escribir el capítulo de la paz.

Juan Manuel Santos, Presidente de la República de Colombia (2010-2018)

Si la Organización de los Estados de América (OEA) no representa ni respeta la soberanía de sus estados miembros, es mejor que deje de existir.

Evo Morales, Presidente del Estado Plurinacional de Bolivia (2006-2019)

B. Resuma cada cita explicando los diferentes contextos y los puntos de vista que en ellas se presentan.

Estudiando el tema

Lectura enfocada

A. A medida que se realiza la lectura del artículo *El dilema de la democracia y el intervencionismo: la historia se repite*, haga una lista de los argumentos que presentan en ambos lados del debate:

Aislacionismo	Intervencionismo
•	•
•	•
•	•
•	•
•	•
•	•

B. Preste atención a la pronunciación de palabras desconocidas del texto al escuchar la grabación del audio 2.1.

El dilema de la democracia y el intervencionismo: la historia se repite

Melissa Negrón, Puerto Rico

No veo por qué tenemos que esperar y permitir que un país se vuelva comunista debido a la irresponsabilidad de su propio pueblo. Los temas son demasiado importantes para los votantes chilenos como para que decidan por sí mismos.

Atribuido a Henry Kissinger
Secretario de Estado de EE.UU. de 1973-1977, Premio Nobel de la Paz

En enero de 2019 Venezuela tenía dos presidentes: uno elegido a un segundo término mediante elecciones; el otro, instalado por la Asamblea Nacional de Venezuela en oposición al régimen del presidente electo Nicolás Maduro y al proceso de recientes elecciones políticas, el cual había sido denunciado por irregularidades.[1] Esta oposición, al igual que la instalación del presidente interino Juan Guaidó, fue apoyada por varios países alrededor del mundo. A partir de ese acto de resistencia que pedía la renuncia de Nicolás Maduro, comenzaron a desenvolverse una serie de eventos violentos que provocaron aún mayor inestabilidad política y social y que reabrieron el viejo debate: democracia vs. intervencionismo.

El dilema se ha repetido una y otra vez: los países de occidente se alían con objetivos de cambio de régimen (como en Irak en 2003), de lucha contra el terrorismo (Afganistán, 2001), por catástrofes humanitarias (Kosovo, 1999) o debido al interés estratégico (debilitamiento de Serbia en 1999) o a la lucha contra el autoritarismo (como en Siria en 2011).[2] Aunque para algunos parecería indiscutible la necesidad de ayudar a estos países a liberarse de la opresión de sus dictadores, para otros, representa una grave intromisión que violaría la libertad de países soberanos. En definitiva, este ejemplo muestra el eterno debate entre la democracia y el intervencionismo, para los cuales abundan las razones tanto a favor como en contra.

La hambruna, la escasez de medicinas, las violaciones de derechos humanos y la desesperada inmigración a países vecinos son algunos de los ejemplos de la inestabilidad que aquejan a muchos pueblos y más recientemente se ejemplifican entre el pueblo venezolano. Aunque Venezuela es un país democrático, las acciones y políticas del gobierno han sido tildadas de dictatoriales, por lo cual más de 54 países entre los cuales se encontraban Estados Unidos, Francia, España, Alemania, Gran Bretaña, Portugal, Suecia, Dinamarca o Austria expresaron su apoyo a la oposición y reconocieron a Juan Guaidó como el presidente interino de Venezuela.[3] Por el otro lado, Rusia, China y Cuba expresaron su apoyo al gobierno en el poder, así que la duda que surgió fue: ¿podrían los venezolanos resolver ese problema sin la ayuda de otros países? ¿Cuál debe ser el rol (si alguno) del mundo ante este tipo de inestabilidad política?

La brutalidad de algunos gobiernos opresivos e inestables representa, para muchos, razón suficiente para una intervención humanitaria y consideran que esta situación debe ser prioritaria por encima de cualquier otro argumento. El problema es que lo que en ocasiones parecen ser "buenas intenciones" las que motivan a liberar, estabilizar y garantizar la democracia y seguridad de los países en una situación inestable, llegan a convertirse en oportunidades para asegurar control territorial, usurpación de recursos naturales y políticas económicas.[4] Ejemplo de esto fueron las intervenciones de Estados Unidos en Latinoamérica en el siglo XX, las cuales muestran la fina línea entre los méritos de la intervención y la no intervención. A simple vista parece haber buenas intenciones, pero al indagar más a fondo se podrían encontrar otros objetivos que derivaron en violaciones de derechos humanos, destrucción ambiental o pérdidas de soberanía y auto-determinación.

Con el fin de mantener la estabilidad en el continente y prevenir la posibilidad o riesgos de ataques terroristas, Estados

Unidos irrumpió en varias ocasiones en países latinoamericanos.[5,6] Durante las primeras décadas del siglo XX, Estados Unidos respaldó gobiernos dictatoriales en Latinoamérica al intervenir en guerras civiles y golpes de estado para derrocar gobiernos electos con la idea de proteger y mantener la estabilidad en el hemisferio occidental de partidos de izquierda u opositores de su gobierno.[7] Algunas intervenciones estadounidenses incluyeron acciones encubiertas e intromisiones políticas y financieras, por lo que se han llegado a cuestionar los motivos económicos de la injerencia de EE.UU. en los asuntos políticos latinoamericanos.[8] Un ejemplo de estos planes fue la Operación Cóndor, un plan de inteligencia diseñado por varios países latinoamericanos en colaboración con la CIA de los EE.UU. para eliminar grupos de izquierda. Esta colaboración incluyó dictadores y significó la muerte, tortura y desaparición de miles de ciudadanos.[9] En Guatemala, la compañía de frutas estadounidense United Fruit Company era dueña de grandes cantidades de tierra para la exportación de frutas y la CIA, que intentaba proteger los intereses comerciales de esta compañía, apoyó un golpe de estado que derrocó al presidente electo Jacobo Guzmán en apoyo del gobierno autoritario de Carlos Castillo Armas.[10] Asimismo, bajo la Operación Causa Justa que buscó capturar a Manuel Noriega por su rol en el narcotráfico de cocaína y además terminar con su dictadura, EE.UU. invadió Panamá en 1989. Detrás de esta causa se encontraba el interés de EE.UU. para controlar el Canal de Panamá entre otros asuntos, y esta ocupación militar resultó en grandes pérdidas en las comunidades locales no involucradas en el conflicto.[11] De igual modo, las islas del Caribe también fueron escenario de las estrategias intervencionistas tanto en 1916, cuando EE.UU. tomó control político y económico de la República Dominicana como en 1965 con otra invasión a la isla.[12] Estos son solo algunos de los ejemplos de intervenciones en países latinoamericanos y que sus consecuencias hayan derivado en una deteriorada relación de desconfianza y sospecha hacia los Estados Unidos.[13]

La intervención en los asuntos de otras naciones y el debate sobre sus méritos no es novedad y desde los tiempos de los antiguos griegos se ha documentado cómo muchos estados la han usado para promover sus intereses tanto como un instrumento de política extranjera, presión diplomática, negociaciones o de guerra.[14] Asimismo, este debate ya estuvo presente durante la Revolución francesa cuando se cuestionó la legitimidad de las intervenciones; de hecho, la constitución francesa de 1793 establece la no interferencia de sus ciudadanos en los asuntos domésticos de otras naciones ni permite la intervención de otros países en sus asuntos.[15] Como consecuencia, a través de la historia se ha intentado distinguir entre intervenciones legítimas e ilegítimas y en 1965, la Organización de las Naciones Unidas (ONU) adoptó la "Declaración sobre la inadmisibilidad de la intervención en los asuntos internos de los estados y protección de su independencia y soberanía".[16,17] De acuerdo con esta declaración, ningún estado tendría el derecho de intervenir directa o indirectamente en los asuntos internos o externos de una nación. Sin embargo, el mundo ha sido testigo de la constante violación de estas reglas, por lo que, en 2005, la ONU adoptó un nuevo principio, la doctrina de la responsabilidad de proteger (R2P), la cual establece que cuando un estado fracasa en la prevención de atrocidades, los gobiernos extranjeros podrían actuar para poner un alto.[18] En la declaración de ambos principios por la ONU se observa el debate y la división de opinión en estos asuntos: por un lado, los defensores de los derechos humanos dicen que la R2P salva vidas, por el otro, los escépticos lo ven como un principio del que se abusa fácilmente y el cual se podría usar como un pretexto para el imperialismo; el argumento de proteger a los civiles podría expandirse para justificar una misión engañosa.[19]

A pesar de los argumentos en contra, las intervenciones también tienen méritos y entre los argumentos se encuentran: la moral, el humanitarismo, las leyes, los derechos humanos o la idea de que la prosperidad, paz y estabilidad del mundo y sus naciones están interconectadas y dependen unas de las otras.[20] Por lo tanto, el humanitarismo no es el único argumento a favor de la intervención, así la prevención de ataques terroristas o políticas peligrosas que pondrían en riesgo la estabilidad de un gobierno vecino también han sido causas de la participación directa e indirecta en los asuntos de otras naciones. Luego de la muerte de 1.400 civiles sirios en 2013 a causa del uso de armas químicas, aparentemente por parte del régimen de Siria, el entonces presidente Barack Obama llamó el ataque un desafío al mundo y alegó que no estaba en el interés de la seguridad nacional de los EE.UU. ignorar violaciones a normas internacionales que prohibían el uso de armas químicas.[21] En 1962, EE.UU. descubrió la construcción de rampas de misiles y la presencia de tropas soviéticas en Cuba y este descubrimiento puso a los EE.UU. en alerta, por lo que amenazó con la invasión de Cuba y desplegó un bloqueo de las aguas internacionales y el espacio aéreo que rodea a la isla.[22] Sin embargo, la amenaza de una posible guerra nuclear se disipó con el acuerdo entre EE.UU. y la Unión Soviética.[23] Estos ejemplos muestran las razones por las que el peligro de la desestabilización o amenaza a la seguridad de naciones podría justificar el intervencionismo.

Al debate se le añaden también los ciudadanos y grupos que han pedido la ayuda de otras naciones a que intervengan en los asuntos de sus países y los costos de estas operaciones. En el caso de Libia (en 2011), solo la amenaza de lo que se creía que el gobierno autoritario de Muamar el Gadafi era capaz de hacer fue suficiente para la intervención en este país y el presidente de los EE.UU. aseguró contar con el apoyo de la comunidad internacional. También recalcó la necesidad de actuar cuando sus ciudadanos desean la participación estadounidense y está en los intereses de la nación.[24]

Aun cuando el intervencionismo tenga sus méritos (sociales, económicos, etc.), hay quienes piensan que los costos de la misma no justifican la acción. El ideal de mantener la estabilidad, la paz y el humanitarismo cuesta mucho dinero a los contribuyentes de las naciones. Así, por ejemplo, la guerra en Irak o en Afganistán costaron a los EE.UU. billones de dólares.[25] Por esta razón, en algunos casos, la oposición al intervencionismo se debe al simple hecho de que cada nación tiene sus propios retos económicos, y gastar cantidades exorbitantes de dinero en los asuntos de otros países parecería inusitado.

En fin, el dilema del intervencionismo está lejos de resolverse. Sobran las razones a favor y en contra, y en ocasiones, sus méritos son innegables, pero en otras, cuestionables. En definitiva, las decisiones a favor o en contra van a depender de las prioridades e intereses de cada ser humano y nación como ha sucedido a lo largo de la historia.

Notas

1. William Neuman y Nicholas Casey, "Maduro es declarado ganador en medio de la apatía general en Venezuela", *New York Times*, 21 de mayo de 2018, https://www.nytimes.com/es/2018/05/21/maduro-eleccion-venezuela/.
2. Andrea Rizzi, "La parábola del intervencionismo desde las Azores al Twitter", *El País*, 6 de enero de 2018, https://elpais.com/internacional/2018/01/05/actualidad/1515174288_879795.html.
3. Michael Burke, "European Nations Announce Recognition of Guaidó as Venezuelan Leader", *The Hill*, 4 de febrero de 2019, https://thehill.com/policy/international/428301-european-nations-announce-recognition-of-guaido-as-venezuelan-leader/. Matt Kwong, "Why U.S. Military Intervention in Venezuela is 'Possible'—But Improbable", *CBC News*, 3 de mayo de 2019, https://www.cbc.ca/news/world/venezuela-uprising-military-intervention-1.5120858.
4. "La intervención militar de Estados Unidos en América Latina y las luchas populares", *América Latina en movimiento*, 30 de enero de 2007, https://www.alainet.org/es/active/17669.
5. Daryl Worthington, "The USA and Latin America: A History of Meddling", *New Historian*, 12 de abril de 2015, https://www.newhistorian.com/2015/04/12/the-usa-and-latin-america-a-history-of-meddling/.
6. John Coatsworth, "United States Interventions: What For?" *Harvard Review of Latin America*, 15 de mayo de 2005.
7. "¿Qué es la Operación Cóndor o el Plan Cóndor?", *Notimérica*, 18 de septiembre de 2017, https://www.notimerica.com/politica/noticia-operacion-condor-plan-condor-20151109112936.html.
8. Coatsworth, "United States Interventions", *Revista, Harvard Review of Latin America* 4, no. 2 (Spring/Summer 2005).
9. "¿Qué es la Operación Cóndor o el Plan Cóndor?", *Notimérica*.
10. Coatsworth, "United States Interventions".
11. Edgar Romero G., "Invasión de EE.UU. a Panamá: ¿Cuál fue el resultado de la operación 'Causa Justa'?" *RT*, 23 de febrero de 2019, https://actualidad.rt.com/actualidad/306393-invasion-eeuu-panama-resultados-consecuencias.
12. Virginia Pichardo, "Segunda intervención nortamericana: Violó soberanía dominicana", *El Día*, 28 de abril de 2016, https://eldia.com.do/segunda-intervencion-estadounidense/.
13. Adolfo Aguilar Zinser, "In Latin America, 'Good' U.S. Intervention is Still No Intervention", *Washington Post*, 5 de agosto de 1987, https://www.washingtonpost.com/archive/opinions/1987/08/05/in-latin-america-good-us-intervention-is-still-no-intervention/a61b4702-53d1-4290-9d3b-5f0fe17c432b/.
14. "Should the Government Intervene in the Affairs of Other Nations?" *Washington County Pilot-Tribune and Enterprise*, 9 de octubre de 2013, https://www.enterprisepub.com/stories

/should-the-government-intervene-in-the-affairs-of-other-nations,26403.
15. Ibid.
16. Hans Morgenthau, "To Intervene or Not to Intervene?" *Foreign Affairs* 45, no. 3 (abril de 1967): 425–36.
17. Edward McWhinney, "Declaración sobre la inadmisibilidad de la intervención en los asuntos internos de los esatdos y protección de su independencia y soberanía", United Nations, 21 de diciembre de 1965.
18. Morgenthau, "To Intervene".
19. "The Lessons of Libya", *The Economist*, 19 de mayo de 2011, https://www.economist.com/international/2011/05/19/the-lessons-of-libya.
20. "Should the Government Intervene", *Washington County Pilot-Tribune and Enterprise*.
21. Ibid.
22. "Crisis de los misiles en Cuba", *Canal Historia*, 22 de octubre de 1962.
23. "Crisis de los misiles en Cuba", *Portal Académico, Universidad Autónoma de México*, https://portalacademico.cch.unam.mx/alumno/historiauniversal2/unidad3/principales-conflictos-de-la-guerra-fria/crisis-de-los-misiles.
24. David Corn, "Libya: Obama Crafts the Anti-Bush Doctrine", *Mother Jones*, 18 de marzo de 2011, https://www.motherjones.com/politics/2011/03/libya-obama-anti-bush-doctrine/.
25. "Cost of Iraq War, Its Timeline and the Economic Impact", *The Balance*, 21 de junio de 2018.

Comprensión de la lectura

Según la información presentada en el texto, indique si las siguientes declaraciones son ciertas o falsas. Luego haga las modificaciones necesarias para que las falsas presenten información correcta.

1. La insatisfacción reciente hacia líderes que han estado mucho tiempo en el poder, como ha sido el caso en Venezuela, solamente tiene efecto a nivel nacional.
2. La prevención de los crímenes en contra de la humanidad, como por ejemplo el genocidio, representa uno de los argumentos más convincentes para aquellos gobiernos que evitan el intervencionismo en el mundo.
3. La intervención extranjera podría ser justificada cuando las ramificaciones de una política interna afecten a los países vecinos.
4. Los países que forman parte de la Organización de las Naciones Unidas han citado la "regla de oro" para justificar la intervención en los asuntos internos de naciones en estado de emergencia.
5. Los recursos utilizados en Irak o en Afganistán podrían haber sido útiles para compensar los gastos domésticos en los Estados Unidos.
6. La naturaleza volátil del conflicto en Libia generó un determinado número de posibles resultados que podrían haberse anticipado.
7. La autora del artículo sugiere que cada nación es autónoma para tomar decisiones individuales en relación a su política exterior.

Dominio del vocabulario

Vocabulario activo de colocaciones	
Relaciones interiores y exteriores	**General**
1. el cambio de régimen	1. el ámbito legal/moral/económico
2. cometer atrocidades	2. atrapar/agarrar a alguien desprevenido
3. los derechos humanos	3. cuestionarse la legitimidad de algo
4. desplegar las fuerzas armadas	4. los defensores clave de una postura
5. difundir la democracia	5. disiparse una amenaza/una duda
6. entrometerse en asuntos internos	6. estar dentro de los límites
7. involucrarse en un conflicto	7. estar predispuesto a/en contra de algo
8. justificar una intervención	8. llegar al colmo/ser el colmo
9. poner en riesgo la estabilidad	9. manifestarse en algo
10. la presencia de tropas	10. poner remedio a un problema
11. prevenir un genocidio	11. recalcar la necesidad
12. respetar la integridad territorial	12. representar una amenaza
13. sancionar una intervención	13. tener sus propios retos
14. ser parte del interés vital para algo/alguien	14. tener un efecto duradero
15. violar la soberanía	15. tomar acción

Expansión del vocabulario

A. Complete el mapa mental iniciado en la sección **Creación de mapas conceptuales** usando el vocabulario activo de colocaciones presentado previamente. Para poder hacerlo, posiblemente sea necesario expandir sus asociogramas añadiendo nuevas casillas y conexiones.

B. Complete los espacios en blanco utilizando preposiciones después de los sustantivos:

1. La crisis financiera mundial produjo un enorme efecto ______ las economías emergentes.
2. Los derechos inalienables presentados en la Declaración de la Independencia de los Estados Unidos incluyen el derecho ______ la vida, la libertad y la búsqueda de la felicidad.
3. Los terroristas representan una amenaza constante ______ el impacto de sus delitos.
4. Usualmente la comunidad global condena cualquier crimen ______ minorías étnicas.
5. La protección de las fronteras podría servir como remedio ______ el problema de la inmigración ilegal.

C. Complete las siguientes oraciones con las palabras presentadas en el siguiente cuadro:

Banco de palabras		
derecho fundamental	genocidio	cambio de régimen
independencia	fuerzas armadas	guerra civil
intereses vitales	alianza internacional	integridad territorial
democracia	atrocidades	intervención

1. La libertad de expresión, es decir, el derecho que tienen las personas a decir lo que piensan, es un ______ en los Estados Unidos y en muchos otros países.
2. Cuando un país declara su ______ significa que está finalmente libre de cualquier control foráneo.
3. El líder se atribuyó muchas de las ______, pero sostuvo que ese tipo de injusticias crueles son comunes en épocas de guerra.
4. Con el interés de crear una ______, los países cooperaron para que todos pudieran estar fuera de peligro.
5. Con tal de que los piratas no constituyeran una amenaza mayor para sus ______, el país les prestó muy poca atención.

6. El presidente exigió que se respetara la ______ porque no quería que se modificaran las fronteras del país.
7. También tuvo la impresión de que era necesario unirse a las ______ a fin de defender a su país de los enemigos.
8. El pueblo no apoya el actual gobierno y cree que ha llegado el momento para un ______.
9. Nadie pensó que una ______ tendría lugar por un período tan prolongado; sin embargo, los salvadoreños lucharon unos contra otros entre 1980 y 1992.
10. Gracias a la ______ de Italia y Alemania, el general español Francisco Franco consolidó su poder e instauró una dictadura por casi cuarenta años.

D. En el sitio web *Corpus del español* (https://www.corpusdelespanol.org/web-dial/) se pueden buscar las colocaciones más frecuentemente asociadas con las palabras de la columna izquierda de la siguiente tabla. Para buscarlas, utilice el enlace anterior y haga clic en *Browse*. Habrá un cambio de página y en la casilla en blanco, a la derecha de *Word form*, escriba la palabra que desee consultar (por ejemplo, "resolución"). Haga clic en *Find words*. Encontrará mucha información sobre cada palabra, incluyendo las colocaciones (*collocates*). Puesto que "resolución" es un sustantivo o nombre, se puede buscar los adjetivos que más comúnmente lo acompañen y seleccionar los que se refieran al contexto del tema que se estudia (por ejemplo, "judicial", "definitivo" y "motivado").

Fenómeno migratorio	Colocaciones correspondientes		
1. Resolución	a. judicial	b. definitvo	c. motivado
2. Coalición			
3. Intervención			
4. Genocidio			
5. Democracia			
6. Atrocidades			
7. Integridad territorial			
8. Independencia			

Fenómeno migratorio	Colocaciones correspondientes
9. Guerra civil	
10. Fuerzas armadas	

E. Elija cinco colocaciones de la actividad anterior relacionadas con la política exterior. Escriba una oración para cada colocación que apoye o condene uno de los aspectos que se describen en el artículo, tales como la libertad de tránsito de las personas o la situación humanitaria.

1. ______________________________
2. ______________________________
3. ______________________________
4. ______________________________
5. ______________________________

Exploración del significado

A. Rellene la siguiente tabla agrupando las colocaciones de vocabulario activo de acuerdo con su connotación:

Positiva	Dependiente del contexto	Negativa
•	•	•
•	•	•
•	•	•
•	•	•
•	•	•
•	•	•
•	•	•

B. Estudie las siguientes definiciones de intervencionismo y aislacionismo:

El **intervencionismo** se refiere a una política de actividad no defensiva o proactiva emprendida por un estado-nación para manipular al gobierno de otro país. Puede implicar actividades tales como la amenaza de guerra, el asesinato de líderes gubernamentales o militares y los embargos económicos de varios tipos y alcance.

El **aislacionismo** describe una doctrina política que sostiene que los gobernantes políticos deben evitar intervenir en asuntos externos y evitar las guerras no relacionadas con las defensas territoriales directas. En contextos modernos, también puede implicar proteccionismo económico.

C. Identifique las palabras de la lista de colocaciones de vocabulario activo (se encuentra al principio de la sección **Dominio del vocabulario**) que se relacionan con estas dos estrategias políticas y escríbalas en la siguiente tabla:

Intervencionismo	Aislacionismo
•	•
•	•
•	•
•	•
•	•

D. Muchas de las colocaciones y del vocabulario activo analizados pueden expresar significados similares u opuestos. Para cada palabra de la columna A, encuentre un sinónimo en la columna B y un antónimo en la columna C.

A	B	C
1. tolerar	a. apoyar	A. extranjero
2. soberanía	b. esencial	B. retirada
3. respetar	c. situar	C. oponente
4. vital	d. intervención	D. profanar
5. invasión	e. nacional	E. condenar
6. desplegar (tropas)	f. consentir	F. retirar
7. interno	g. autonomía	G. dependencia
8. abogar	h. honrar	H. superficial

E. Complete las siguientes oraciones con el vocabulario de las dos actividades anteriores:

1. La continua intromisión en los asuntos internos de otros países puede llevar a...

   ____

2. Los países comenzaron a cooperar entre sí para...

   ____

3. Los sentimientos de vulnerabilidad son algo común en lugares públicos porque...

   ____

4. La doble moral política implica que algunos países pueden ignorar la integridad territorial de otros, mientras que otros países...

   ____

5. Algunos miembros de la ONU condenaron la intervención a pesar de que...

   ____

F. En parejas, consideren esta situación:

> El presidente del país X advierte que los ciudadanos del país Y no pueden votar a ciertos líderes o leyes. El presidente del país X quiere desplegar fuerzas armadas para corregir esta injusticia y le pide consejo a usted.

¿Qué le diría? Use las colocaciones y el vocabulario activo de las tablas anteriores para asesorar al presidente. Un/a compañero/a favorece el aislamiento y el otro favorece la intervención, presentando de esa manera sus argumentos. Por ejemplo: "Creo que se debe respetar la autonomía del *país* y puesto que..."

Comentando el artículo

Con un/a compañero/a, use combinaciones del vocabulario activo para responder a las siguientes preguntas basadas en el texto:

1. ¿Qué riesgos corren los países extranjeros cuando se involucran en cuestiones de derechos humanos que solo afectan indirectamente a los ciudadanos de sus propios países?
2. ¿Cómo afectan hoy las consecuencias de la Operación Cóndor las relaciones entre EE.UU. y Latinoamérica?
3. ¿Por qué la *United Fruit Company* desempeñó un papel de importancia política en la región centroamericana?
4. ¿Cree que ha tenido alguna repercusión mundial el principio de no interferencia en asuntos domésticos de otras naciones de la constitución francesa de 1793?
5. ¿Cuáles son las repercusiones del principio de la ONU sobre la responsabilidad protectora (R2P)?
6. ¿Por qué a veces es mejor para un país abstenerse de entrometerse en la política interior de otro?
7. En su opinión, ¿cuál sería el punto límite para que un país decida intervenir en los asuntos internos de otro?

Construcción del discurso crítico

Reconociendo las inferencias

Nota cultural Con frecuencia los líderes políticos sustituyen frases no controvertidas por frases más neutrales para no ofender al público. Por ejemplo, un memorándum que circuló entre los empleados del Pentágono en 2011 ponía: "[La administración] prefiere evitar el uso del término *Long War or Global War on Terror*. Favor de usar *Overseas Contingency Operation*". Por ello, es importante reconocer las inferencias relativas al lenguaje diplomático.

A. Conecte la siguiente lista de palabras con las expresiones diplomáticas a continuación:

Banco de palabras		
Las víctimas civiles	El derrocamiento	La tortura
El bombardeo	La ocupación	

1. La campaña aérea sobre la región probó ser exitosa en el derrocamiento del gobierno.
2. Hay un constante debate en la sociedad sobre la legalidad de las técnicas de interrogación coercitiva.
3. Después de haber declarado la guerra, los líderes del país dijeron que estaban dispuestos a aceptar los daños colaterales.
4. La coalición emprendió la liberación de la región.
5. La intervención resultó en un inmediato cambio de régimen.

B. Escriba un breve reportaje de interés sobre un conflicto militar cubierto en los medios de comunicación. En su informe, use palabras o una combinación de palabras que reflejen expresiones diplomáticas.

Formación de hipótesis

A. Estudie la siguiente cita de una conferencia de prensa de las Naciones Unidas para determinar lo que Kofi Annan pidió en aquella ocasión:

> Kofi Annan, secretario general de las Naciones Unidas de 1997 a 2006 dijo lo siguiente en una conferencia de prensa en abril de 2000: "Si las Naciones Unidas no intentan trazar una ruta para la gente del mundo durante la primera década del nuevo milenio, ¿quién lo hará?"

B. Usando las estructuras para formular hipótesis que se presentaron en esta sección ("Formación de hipótesis") del tema 1, responda a las siguientes preguntas con relación a la citada pregunta de Kofi Annan.

1. Sin las Naciones Unidas, ¿cómo podrían los gobiernos coordinar las misiones para preservar la paz?
2. ¿Podría una potencia mundial asumir el papel de la Organización de las Naciones Unidas, o es esto algo que ya ocurre hoy día en la ONU?
3. Si se disolviera la ONU, ¿habría un impacto significativo en el siglo XXI?

Debate de práctica

Elija uno de los siguientes personajes. Haga el papel del personaje usando por lo menos 10 colocaciones del vocabulario activo por persona (ver sección "Dominio del vocabulario").

Contexto: Una discusión en una reunión de las Naciones Unidas sobre estrategias posibles para poder combatir una guerra civil activa en una región en particular.

Situación A: Un/a representante de un país que aboga por la intervención.

Situación B: Un/a representante de un país que se opone a la intervención.

Situación C: Un/a representante del país que está involucrado/a directamente en el conflicto y que aboga por la intervención.

Situación D: Un/a representante del país que está involucrado/a directamente en el conflicto y que se opone a la intervención.

Comprensión auditiva

Preparación

Antes de escuchar el archivo de audio, complete la siguiente tabla con predicciones sobre los argumentos que crea que va a escuchar.

Cualquier nación puede interferir en los asuntos domésticos de países soberanos	No se justifica la interferencia de otra nación en los asuntos internos de países soberanos
•	•
•	•
•	•
•	•
•	•
•	•

Mientras se escucha

A. **Atienda a la comprensión general:** Escuche el archivo de audio 2.2 y ponga una marca junto a los argumentos que aparecen en la tabla del ejercicio anterior. Añada los que vayan surgiendo en el texto auditivo.

B. Preste atención a los detalles específicos: Escuche de nuevo el archivo de audio y clasifique los argumentos que enumeró en la tabla anterior como "fuertes" o "débiles". Proponga formas de mejorar o fortalecer los argumentos que etiquetó como "débiles".

Después de escuchar

A. ¿De qué lado cree que se presenta un argumento más persuasivo? Apoye su opinión citando el razonamiento más fuerte que se presente.

B. En cada debate, alguien tiene la última palabra. Ante cada postura, pare la grabación y prediga la respuesta que vendrá del lado opuesto antes de escucharla.

Construyendo el argumento: el proceso escrito

Redacción de una declaración de tesis eficaz

Un ensayo académico necesita una declaración de tesis para tener sentido y lograr coherencia. Esta declaración de tesis se expresa por medio de una oración breve que expresa la opinión principal del autor, y el resto del artículo apoya y desarrolla esa afirmación. Una buena declaración de tesis cumple con los siguientes criterios:

1. *Contener la idea principal.* Presentar múltiples ideas puede distraer al lector.
2. *Establecer límites claros.* Al enmarcar el tema, se prepara al lector para el contenido del ensayo.
3. *Tomar una posición.* Declarar claramente la posición ayuda al lector a seguir la lógica de los subsiguientes argumentos.

A. Lea las siguientes declaraciones de tesis y evalúelas sobre la base de los criterios anteriormente mencionados. ¿Son tesis fuertes? ¿Son débiles? Explique el porqué.

- Antes de intervenir en los asuntos internos de otro país, se debe considerar el costo para los civiles y preparar una estrategia de salida efectiva.
- La intervención militar es mala.
- A veces es necesaria la intervención militar.
- La intervención militar puede justificarse cuando haya muchas vidas civiles en juego.
- Hay algunos aspectos positivos y negativos a la hora de intervenir en los asuntos exteriores de otro país.
- Ningún país debe intervenir militarmente en los asuntos de otro a menos que esté directamente amenazado por ese país.

B. Lea el siguiente ensayo de opinión e identifique su declaración de tesis. Observe cómo la declaración de la tesis guía el resto del artículo.

El principio de no-intervención (ensayo de opinión)

César Cáceres, Ecuador

Desde sus inicios como nación, Estados Unidos enfatizó en su Declaración de Independencia ideales de legitimidad, justicia y equidad: "todos los hombres nacen iguales y dotados por su Creador de ciertos derechos inalienables [...] entre estos [...] la seguridad de la libertad y la vida". A fin de poder garantizarlos, y de acuerdo a este magno documento, el sistema de gobierno norteamericano y muchos otros fueron instituidos. De igual manera esta carta determina que si los gobiernos toman alguna forma que vaya en contra de esos derechos esenciales, entonces esa misma sociedad tiene el derecho imprescriptible de "alterarla, [...] abolirla y establecer otra nueva, [...] organizando sus poderes de la manera que juzgue más conducente para el efecto de su seguridad y felicidad".[1] Esta premisa sirve pues como instrumento esencial para entender por qué la mayoría de naciones en el mundo, hoy más que nunca, enarbolan y defienden el principio de no intervención, aun atravesando circunstancias y desafíos extremos.

El principio de no-intervención, favorecido por personajes históricos predominantes como George Washington y Thomas Jefferson y a su vez plasmado en la carta de la Organización de las Naciones Unidas después de la Segunda Guerra Mundial, sostiene que la intromisión de cualquier país en los asuntos de otro equivale a una violación abierta contra ciertos fundamentos universales de respeto y soberanía política. Por lo tanto, se espera que todos los estados respeten de la misma manera en la que esperan ser respetados. En el otro lado de la moneda se encuentran los que están a favor del intervencionismo, quienes consideran que tienen la obligación moral de participar y hasta manipular los asuntos de otros países bajo la justificación de que la amenaza a la libertad en cualquier lugar representa una amenaza a la libertad en general. Afirman que la intervención gubernamental puede proteger los derechos humanos y salvar la vida de muchos, cometiendo el error de ignorar el derecho de autodeterminación e independencia de los pueblos.

El caso de Venezuela es uno de los que más recientemente ha captado atención mundial, muy posiblemente por lo complejo del mismo. La crisis política, económica y humanitaria en ese país ha afectado no solamente a los países fronterizos, sino que ha adquirido alcance internacional, particularmente por el número de migrantes. Países como México, China, Rusia y Turquía, opositores a cualquier injerencia extranjera, apoyan la continuidad de Nicolás Maduro, mientras que Estados Unidos, junto a la mayoría de los países de la Unión Europea y del Grupo de Lima reconocen a Juan Guaidó, Presidente de la Asamblea Nacional, quien podría, con toda legitimidad, "gobernar interinamente y convocar a elecciones libres y democráticas. A pesar de esta división internacional, las posiciones no se sitúan claramente en dos bloques, ya que todos condenan una posible intervención militar [inclusive el mismo Guaidó], mientras Estados Unidos [...] no la ha descartado".[2] A su vez, Rusia, aliado clave de Maduro, sostiene que de llevarse a cabo se abriría una crisis enorme con "consecuencias devastadoras para la región y para la seguridad mundial".[3]

Muchos estudios certifican que en la actualidad el número de países celebrando elecciones libres y justas regularmente es el mayor registrado a lo largo de la historia. Irónicamente, los mismos datos también señalan que el avance global de la democracia podría haber llegado a su fin, o inclusive ya ir en reversa: una vez que se ha logrado sacar a autócratas del poder, "en la mayoría de los casos los oponentes han fracasado en crear regímenes democráticos viables. Incluso en las democracias establecidas, las fallas en el sistema se han hecho preocupantemente visibles y la desilusión con la política se ha generalizado".[4]

Esto, sin embargo, no ha detenido la acción de aquellas naciones que justifican planes de invasión o intervención a países soberanos bajo la excusa de hacerlo en defensa o protección de la democracia. Es urgente y absolutamente necesario la ratificación y renovación de la confianza que las sociedades podrían enfocar en instrumentos efectivos para ejercer política clásica y buscar el aumento de su participación en la ejecución y firme vigilancia de procesos electorales limpios, en la formación y fortalecimiento de partidos políticos, así como otras organizaciones socio-políticas en todo el mundo.

Durante la inauguración a la XXX Reunión de Embajadores y Cónsules, México presentó una serie de modificaciones hechas a su política exterior, creadas para dar "'nuevas respuestas' a un mundo que padece 'cambios profundos' apostando por una diplomacia regida por el principio de no intervención" y a su vez manteniendo posicionamientos específicos hacia diferentes frentes (Norteamérica, Unión Europea, Asia, Medio Oriente y África, entre ellos).[5] A partir de ahora se enfocará primordialmente en soluciones pacíficas para la resolución de conflictos y la salvaguarda de la autodeterminación de los pueblos, teniendo una relación estrecha con las empresas a fin de promover la economía en el exterior y también dando atención especial a la ciencia, tecnología y a los ámbitos culturales y científicos, por lo que podría convertirse en un modelo a seguir para los gobiernos de la región.

Notas

1. "The Declaration of Independence: The Full Text in English . . . and Spanish", *Latino Rebels*, 4 de julio de 2012, https://www.latinorebels.com/2012/07/04/the-declaration-of-independence-the-full-text-in-english-and-spanish/.
2. Jordi Bacaria Colom, *Foreign Affairs Latinoamérica*, abril-junio 2019, vol. 19, Carta del Director, vii.

3. Gerardo Lissardy, "Crisis en Venezuela: una intervención militar tendría 'consecuencias devastadoras para la región y para la seguridad mundial', advierte diplomático ruso", *BBC News Mundo*, 13 de mayo de 2019.
4. Daniel Zovatto, "El estado de la democracia en América Latina", *La Nación*, 14 de septiembre de 2014.
5. "México rediseña política exterior bajo el principio de no intervención", *EFE*, 7 de enero de 2019, en: https://www.efe.com/efe/america/mexico/mexico-redisena-politica-exterior-bajo-el-principio-de-no-intervencion/50000545-3860072.

Redacción del ensayo de opinión

Escriba un ensayo persuasivo o de opinión sobre el tema de *intervencionismo o aislacionismo*. Debe tener una extensión de cinco a seis párrafos e incluir colocaciones del vocabulario activo de este tema.

Construyendo el argumento: el proceso oral

Implementación de estrategias retóricas

A. Estudie la siguiente nota:

Nota de estrategia 1 En el tema 1 abordamos la primera de las cinco estrategias de debate: las preguntas de conjetura. En esta unidad, incorporaremos la segunda: las preguntas de definición, situándolas en el contexto del tema *intervencionismo o aislacionismo*.

El argumento de definición se apoya en términos claramente definidos y comprendidos, acompañados de frases y argumentos que apoyen o refuten el tema. Las definiciones procedentes del diccionario representan el primer paso de esta estrategia. Sin embargo, también se pueden definir complementariamente tanto palabras como frases e ideas.

B. Repase el texto y resalte las palabras y frases más importantes que Ud. pueda usar para apoyar su argumento. Por ejemplo, si está defendiendo la postura de que los gobiernos extranjeros no tienen justificación para interferir en los asuntos internos de otros países soberanos, tal vez debería enfocarse en las definiciones de *soberanía, intervención, integridad territorial* y otras palabras relacionadas a estos conceptos.

Haga una lista de estas cinco palabras (o frases) acompañadas de las definiciones que apoyan y fortalecen su argumento.

1. ______
2. ______
3. ______
4. ______
5. ______

C. Durante el debate, use esas definiciones para apoyar su argumento o para oponerse a las contrademandas de la contraparte. Por ejemplo, Ud. podría hacer y contestar la siguiente pregunta: "Si concordáramos que la soberanía significa que una nación tiene autoridad total sobre otra región geográfica, ¿cómo es que una nación legítimamente pueda atacar a otra nación?" Basándose en las definiciones que ha escrito anteriormente, anote cinco oraciones o preguntas que luego puede usar en el debate.

1. ______
2. ______
3. ______
4. ______
5. ______

D. Mientras se prepara un debate, siempre se puede predecir que el oponente va a usar definiciones para apoyar su argumento, por lo que una forma eficaz de oponerse a estas definiciones consiste en remarcar sus debilidades. Por ejemplo, es posible que la otra parte justifique la intervención basándose en la definición de *moralidad*. Ud. podría responder que uno de los derechos de los ciudadanos de una cierta región es poder definir por sí mismos lo que significa *moralidad*, implicando que el sentido de moralidad para una nación, no significa necesariamente lo mismo para otra.

Repase el texto y haga una lista de cinco palabras o frases claves, así como las definiciones que el oponente podría usar para formular su argumento del debate. A continuación, explique cómo respondería a los argumentos contrarios o a las definiciones provistas.

1. ______
2. ______
3. ______
4. ______
5. ______

E. Repaso y aplicación de las estrategias anteriores del debate: En el tema 1 se repasó la primera de las 5 estrategias: la conjetura. En preparación para el debate, aplique esta estrategia para apoyar su argumento o refutar la opinión contraria.

Cómo presentar el tema

Las siguientes expresiones se pueden usar para expresar un desacuerdo. Repase los temas que siguen e incorpórelos en sus argumentos orales y escritos:

1. Aunque estoy de acuerdo con... sobre... me niego aceptar que...
2. El argumento que... me parece débil porque...
3. Por un lado, concuerdo con.... Por otro lado, no estoy seguro/a de que...
4. Cualquier persona que esté familiarizada con el tema X no debería estar de acuerdo con...
5. Reclamar que... puede ser equivocado teniendo en cuenta que...

Cómo responder a las preguntas

Habrá momentos durante el debate cuando Ud. no entienda claramente una cuestión. Use las siguientes preguntas aclaratorias en caso de que surja este problema.

- A ver si entiendo bien lo que Ud. me está preguntando sobre X.
- ¿Quisiera usted que yo me dirigiera a X o Y?
- Lamento no haber entendido bien la pregunta. ¿Podría Ud. aclarar lo que quiere decir...?
- ¿Le interesaría X?
- ¿Qué quiere decir Ud. cuando expresa X?
- ¿Podría Ud. reformular la pregunta? No estoy seguro/a de lo que usted quiere decir...

Cómo defender el punto de vista

A. **Presentación oral:** Haga una presentación oral de 3-5 minutos defendiendo su posición sobre los temas. Después de practicar, grabe la presentación y escúchela. ¿Cuáles son los puntos fuertes y débiles de la grabación? Represente la exposición ante la clase.

B. **A debatir:** Ahora es momento de debatir. Sintetice todos los apuntes que apoyen sus argumentos, colocaciones de vocabulario activas y respuestas a los temas que se usarán durante el debate. ¡Ojo! Recuerde que estos apuntes sirven solo como referencia y no los puede leer directamente durante el debate.

Reflexión

Autoevaluación

A. Reflexione sobre el tema 1. Puntúe, de 1 a 6 su nivel de preparación para el debate:

1. Estaba preparado/a para el debate.
2. Estaba motivado/a para debatir este tema.
3. Me esforcé mucho en prepararme para debatir este tema.

1	2	3	4	5	6
Totalmente de acuerdo	De acuerdo	Parcialmente de acuerdo	Parcialmente en desacuerdo	En desacuerdo	Totalmente en desacuerdo

B. Si la mayoría de sus respuestas están en el lado derecho de la escala, ¿qué puede hacer para desplazarse hacia el lado izquierdo? Si la mayoría de sus respuestas están en el lado izquierdo de la escala, ¿qué puede hacer para mantenerse allí?

Repaso de vocabulario

Identifique diez colocaciones que haya aprendido de esta unidad de estudio, prestando especial atención a las que hayan sido más útiles para debatir el tema.

1. ______
2. ______
3. ______
4. ______
5. ______
6. ______
7. ______
8. ______
9. ______
10. ______

Redistribución de la riqueza o autosuficiencia

La brecha económica: ¿es posible una redistribución justa de la riqueza?

Related NCSSFL-ACTFL Can-Do Statement:
I can understand the inferences in a financial review or exposition.

Antes de la lectura

Presentación del tema

A. Entreviste a tres hablantes nativos de inglés y a tres que no lo sean y registre sus respuestas a las siguientes preguntas:

1. ¿Existe en su país de origen una gran brecha entre personas ricas y pobres?
2. ¿En qué medida cree que la calidad de vida difiere entre los ricos y los pobres?
3. ¿Qué países cree que tienen las mayores y menores brechas entre las personas más ricas y pobres?

B. Use el siguiente mapa de distribución de la riqueza mundial para ubicar los países que se han mencionado en sus entrevistas y así poder confirmar o rechazar las hipótesis presentadas.

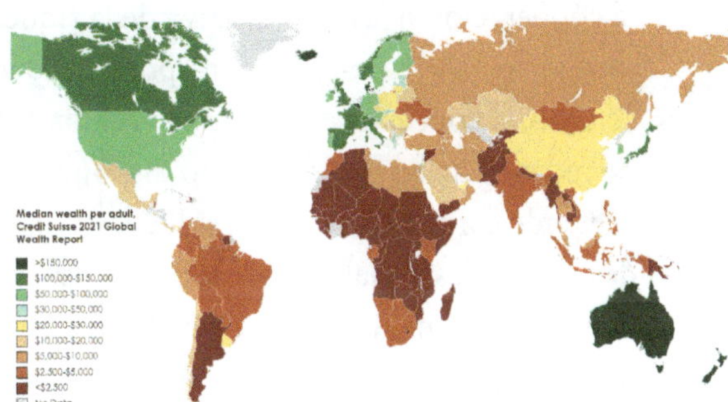

C. En grupos de 4 alumnos, presenten los resultados de su entrevista a algunos de sus compañeros/as de clase. En esta mini presentación, asegúrense de responder las siguientes preguntas y también de crear otras dos preguntas adicionales para generar una conversación grupal:

1. ¿Fueron precisas las opiniones de sus encuestados en relación al mapa?
2. En su mayoría, ¿encontraron respuestas similares o diferentes?
3. ¿Qué factores podrían contribuir a las suposiciones de los participantes?
4. ____
5. ____

D. Estudie la **Nota lingüística** sobre el significado de "redistribución de la riqueza", "estado de bienestar" y "autosuficiencia". Explique a su compañero/a cuál de los conceptos se acerca más a su punto de vista personal y por qué.

Nota lingüística		
Redistribución de la riqueza	**Estado de bienestar**	**Autosuficiencia**
Consiste en la recaudación de tributos para activar políticas de igualdad con las que se ponen en marcha acciones para que los más desfavorecidos de la sociedad puedan acceder a unos ciertos niveles de bienestar (en el ámbito de la salud, la educación, la cooperación o las ayudas sociales). En este sentido, el concepto de redistribución pretende corregir las desigualdades sociales y fomentar la igualdad de oportunidades. Fuente: Definición ABC https://www.definicionabc.com/politica/redistribucion.php	El estado del bienestar es un concepto de gobierno en el cual el Estado desempeña un papel fundamental en la protección y promoción de los derechos económicos y el bienestar social de sus ciudadanos. Se basa en los principios de igualdad de oportunidades, la distribución equitativa de la riqueza y la responsabilidad pública de los ciudadanos que no disponen de las necesidades mínimas. Es un término general que puede abarcar una gran variedad de formas de organización económica y social. Fuente: Enciclopedia financiera www.enciclopediafinanciera.com	Acto mediante el cual una persona, una comunidad, una sociedad puede abastecerse por sí mismo/a para satisfacer sus necesidades básicas y más importantes. La autosuficiencia puede tener que ver con suplirse a uno mismo de los productos y bienes que se estiman relevantes para la supervivencia, pero también puede hacer referencia al estado anímico y emocional que hace que una persona no dependa de los otros si no que pueda llevar adelante las diferentes situaciones de su vida por su cuenta. Definición ABC https://www.definicionabc.com/general/autosuficiencia.php

E. Analice el título del artículo *La brecha económica: ¿es posible una redistribución justa de la riqueza?* y explique los posibles usos de la expresión *brecha económica.*

1. ______________________________
2. ______________________________
3. ______________________________
4. ______________________________
5. ______________________________

F. Volviendo a tomar como referencia dicho título, *La brecha económica: ¿es posible una redistribución justa de la riqueza?*, haga ahora una lista de aspectos que podrían aparecer en el artículo:

1. ayudas para los pobres
2. ______________________________
3. ______________________________
4. ______________________________
5. ______________________________

Creación de mapas conceptuales (asociogramas)

A. Haga una lluvia de ideas con cuantas palabras conozca asociadas a los desafíos que un país podría afrontar en relación a sus responsabilidades públicas y privadas. Organice sus ideas para crear dos mapas conceptuales separados según el patrón mostrado más abajo. Después de leer el artículo, podrá agregar más información, así que por ahora, se pueden dejar algunas casillas en blanco.

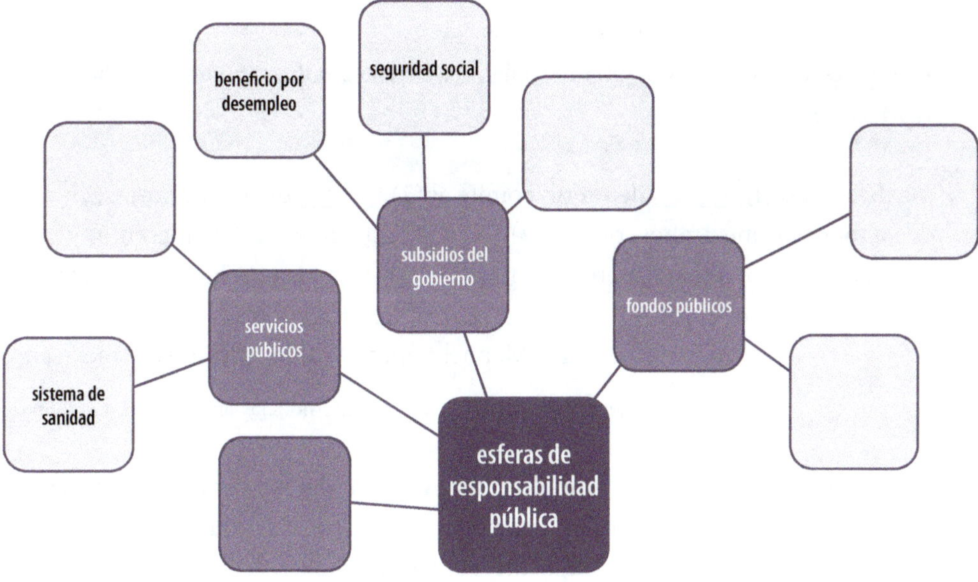

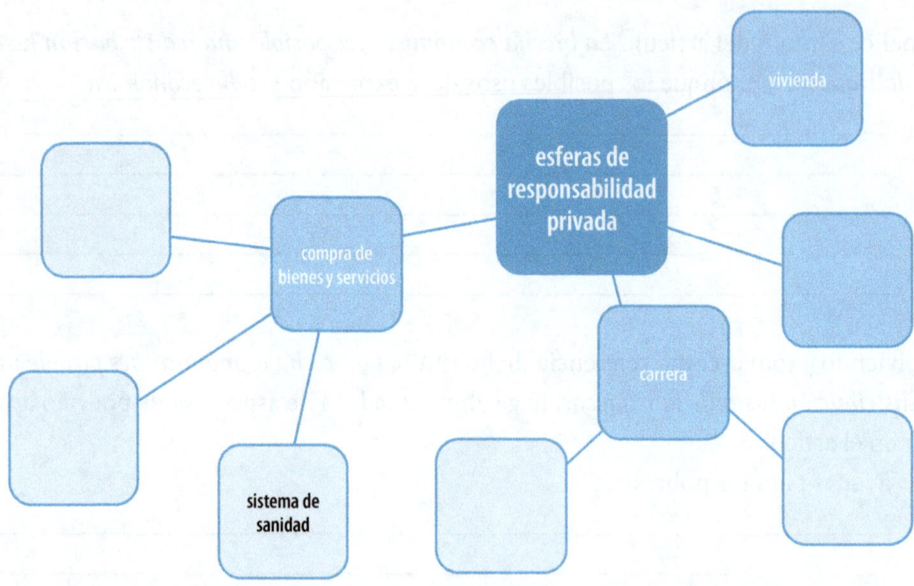

B. Compare sus asociogramas o mapas conceptuales con los de sus compañeros/as para generar ideas adicionales. Después de completar los dos mapas, decida qué áreas temáticas pueden ayudar a superar la brecha entre los dos. En otras palabras, ¿qué temas relacionados con las esferas de responsabilidad pública y privada se cruzan?

C. Compare sus mapas con los de sus compañeros/as de clase para generar ideas adicionales. Después de completar los mapas, decida qué áreas temáticas pueden ayudar a cerrar la brecha entre ambos.

Profundizando en las ideas y opiniones

A. Complete la cita con las siguientes palabras: *servicio, pobres, preferencia, bien, dejará, representará.*

> El Estado (1) ______ de ser un comité al (2) ______ de una minoría: (3)______ a todos los mexicanos, ricos y (4)______. Escucharemos, atenderemos y respetaremos a todos, pero daremos (5) ______ a los más humildes y a los olvidados. Por el (6) ______ de todos, primero los pobres
>
> Andrés Manuel López Obrador (presidente mexicano)

Fuente: https://www.bbc.com/mundo/noticias-america-latina-44680824

B. Resuma la opinión de López Obrador. ¿Está de acuerdo con sus opiniones sobre la ayuda económica? En parejas, intercambien ideas específicas que respalden la opinión de cada uno. Luego pueden compartirlas con otra pareja de compañeros/as.

Estudiando el tema

Lectura enfocada

A. Mientras lea el artículo *La brecha económica: ¿Es posible una redistribución justa de la riqueza?*, apunte los argumentos para los dos lados del debate en la siguiente tabla.

Redistribución de la riqueza	Autosuficiencia
•	•
•	•
•	•
•	•
•	•

B. Preste atención a la pronunciación de palabras desconocidas del texto al escuchar la grabación del audio 3.1.

La brecha económica: ¿es posible una redistribución justa de la riqueza?

Citlali Miranda-Aldaco, México

Los poderes públicos promoverán las condiciones favorables para el progreso social y económico y para una distribución de la renta regional y personal más equitativa, en el marco de una política de estabilidad económica.

Constitución Española—Artículo 40.1

La población del mundo sigue separada entre los que tienen y los que no, y esta distancia se ha ampliado desde la caída de la economía en 2008 y 2020. Según un estudio anual de riqueza publicado por el banco suizo Credit Suisse, estos datos se corroboran, puesto que tan solo el 1% de la población mundial tiene tanto dinero como el resto de la misma.[1] Al otro lado del espectro, se puede observar que según cifras del Banco Mundial, el 9.1% de la población (casi 700 millones de personas) vive con menos de dos dólares al día.[2] Este desequilibrio económico podría conectarse a problemas tales como el incremento en la tasa de criminalidad, la falta de seguridad alimentaria, o la inestabilidad social en países menos favorecidos.

El Banco Mundial analizó las cifras de los países más pobres y su crecimiento entre 2010 y 2015 en América Latina, y los resultados muestran que los ingresos del 40% de la población más pobre de Perú y de Brasil aumentan más rápido que el promedio, exponiendo un avance en la situación económica de ese grupo. En comparación, la Comisión Económica para América Latina y el Caribe de las Naciones Unidas (CEPAL) creó un informe en el que República Dominicana, Nicaragua, Paraguay y Honduras lograron aumentar su Producto Interno Bruto en el 2017.[3] Parece no haber un patrón común entre estas economías dado que algunos gobiernos promueven la redistribución de la riqueza y otros la autosuficiencia pero, en cualquier caso, los esfuerzos parecen estar dando frutos y beneficiando a la población que más lo requiere.

Muchos gobiernos tratan de reducir la brecha económica y de ayudar al sector más necesitado a través del principio de la redistribución de la riqueza, que consiste en mejorar las condiciones socioeconómicas y de salud de la población. En algunos países se conoce como estado de bienestar. De esta manera, algunos gobiernos, después de la Segunda Guerra Mundial, pusieron en práctica políticas que daban servicios a toda la población como muestra de apoyo a la democracia. Sin embargo, el cuestionamiento a esta posición viene desde el punto de vista de aquellos que favorecen la autosuficiencia, puesto que consideran que el nivel de prosperidad depende de su propio trabajo, pero que, al mismo tiempo, reconocen que hay una mala asignación de los recursos. Esta crítica al estado de bienestar o redistribución de la riqueza se acentúa en momentos de crisis económica.

Asimismo, algunas personas apoyan los esfuerzos gubernamentales de mejora de servicios médicos y educativos para todos y, quienes comparten esta opinión, apuntan que la educación es la base para un mejor nivel de vida. Así que, si una persona tiene acceso a servicios de salud y educación, aunque esté buscando trabajo, su estado de bienestar no se ve completamente afectado. Estos servicios se costean a través de los impuestos, por consiguiente, quienes ganan más, pagan más impuestos. Usualmente, los gobiernos cubren los gastos de recolección de basura, educación básica y emergencias con el cobro de impuestos, y la población en general se beneficia de estos servicios. Los estados que han tenido más éxito en cerrar la brecha económica han sido los países escandinavos, según el coeficiente de Gini, un estimado creado por el Banco Mundial que se enfoca en calcular cuánto se desvía la distribución del ingreso de los individuos o familias de una distribución perfectamente igualitaria.[4] Estos gobiernos promueven un equilibrio en el recorte de gastos y el aumento de impuestos para poder continuar con la redistribución de la riqueza, y así evitar fluctuaciones económicas durante los tiempos de crisis. Además de este ejemplo europeo, otra forma de redistribución es el ejemplo de Nicaragua que, en cooperación con el Banco Mundial, ha creado un proyecto de apoyo para producir empleos, mejorar la educación y ampliar acceso a los servicios de salud y agua que se sustenta a través de los impuestos que el gobierno nicaragüense obtiene, así como fondos provistos por el Banco Mundial con la meta de que el 70% de la población nicaragüense se clasifique fuera de la categoría de pobreza.[5]

Sin duda, existen argumentos prácticos para la redistribución de la riqueza o la mejora del estado de bienestar. Por ejemplo, cuando hay menos diferencias entre clases socioeconómicas, la clase media es más grande y tiene una mejor calidad de vida. Por lo tanto, tiene más poder de compra, con lo que se genera un mayor movimiento de efectivo y una economía más fuerte. Cuando hay una gran diferencia financiera, se puede observar el aumento de la pobreza aunado al incremento en la delincuencia y los crímenes violentos. Tal es esto, que algunos investigadores sugieren que para reducir el nivel de violencia se debe mejorar la calidad de vida o el estado de bienestar de las personas.[6]

Por otro lado, se encuentran quienes apoyan la autosuficiencia y promueven la privatización de servicios y educación, insistiendo en que esos servicios no son función del gobierno. Según información de las Naciones Unidas, Honduras tiene un plan para generar 100,000 empleos en cuatro años y estos empleos están dirigidos a jóvenes que no trabajan ni estudian, a los posibles jefes de familia, o a aquellos con discapacidades. Este esfuerzo conjunto se logra con la participación de las empresas del sector privado y el gobierno, así el programa propone que el gobierno pague la mitad del salario por dos meses y, si al término de este tiempo el individuo muestra méritos para quedarse en el puesto, el gobierno podría añadir un tercer mes antes de que le diesen un cargo indefinido en la empresa, buscando, a través de este proceso, sacar a las familias de la pobreza.[7]

En épocas de crisis, las medidas económicas que cada país impone llegan a cambiar la perspectiva hacia la redistribución de la riqueza y argumentan en favor de la autosuficiencia. La mayoría de los países tienden a hacer un recorte de gastos sin aumentar los impuestos; lo cual crea políticas de austeridad que recrudecen la brecha entre los que piensan que producen más de lo que reciben y aquellos a quienes simplemente ven como los que extienden la mano y viven del trabajo de otros.[8]

También existen aquellos que, al no estar de acuerdo con el alto pago de impuestos, guardan su capital en otros lugares. Así, la CEPAL señala que, desafortunadamente, las grandes fortunas se van a refugios fiscales en otros países, limitando el crecimiento de los pobres y la clase media, y enriqueciendo solo a unos cuantos que acaparan el 71% de la riqueza de América Latina.[9] Este fenómeno no se limita solo a algunos países del continente, sino que además, se extiende a otras economías un poco más afortunadas tales como los EE.UU., por ejemplo, donde los paraísos fiscales fueron limitados en 1996 con intención de incrementar la inversión local y poder aumentar el número de empleos. Sin embargo, muchas de las empresas afectadas decidieron llevarse sus negocios a otros países donde se les permitiera pagar menos impuestos. Esto trajo como resultado una caída en los precios de la propiedad, menores ingresos económicos a la zona y un aumento en el desempleo.[9]

Este tipo de situaciones económicas promueven un incremento en la tasa de criminalidad o la inestabilidad social porque existe un alto índice de trabajos informales y un bajo nivel de preparación laboral. Por ejemplo, en Guatemala, la gente necesita trabajo y lo toma, aunque no perciba un buen salario puesto que existe un alto índice de ocupación en mercados de economía sumergida y un bajo nivel de preparación laboral. Además, este tipo de trabajo no goza de prestaciones sanitarias o de jubilación y hace cuestionar el significado de la tasa de desempleo del 2.2% en Guatemala, la más baja de América Latina.[10] Puesto que los trabajos informales no tienen prestaciones de salud o jubilación, la persona que trabaja y gana algo de dinero no da a conocer la cantidad, por cuánto tiempo o si existe una inversión para su jubilación.

Esta situación laboral también ha estado presente en los Estados Unidos en las últimas dos décadas, pues según un reporte de la Secretaría del Trabajo de los EE.UU., la fuerza laboral ha decrecido por la falta de oportunidades para quienes solo obtienen un certificado de bachillerato.[11] Para aquellos que tienen un título universitario, es todavía difícil encontrar un trabajo estable, y se mantienen con empleos temporales. Los trabajos informales no necesariamente producen impuestos que se puedan utilizar para la inversión del gobierno en educación, salud, fondos de retiro, pensiones o jubilaciones. Para equilibrar un poco la desigualdad económica y evitar los paraísos fiscales, algunos políticos proponen imponer impuestos a las compañías billonarias y a los hogares que ganan más de 50 millones, para que el dinero que generen estos impuestos pueda invertirse en servicios a los más necesitados.[12]

Se ha visto que hay una conexión entre el desequilibrio económico y el incremento en la tasa de criminalidad, la falta de seguridad alimentaria, o la inestabilidad social. Con todo esto en mente, ¿cuál puede ser la solución más viable para acortar la brecha económica? ¿Qué puede ser más factible, la redistribución de la riqueza o la promoción de la autosuficiencia? En un mundo en el que el 1% mantiene el poder económico de toda la población y lo protege en paraísos fiscales, ¿es posible crear un estado de bienestar y autosuficiencia para todos?

Notas

1. Forbes, Credit Suisse 2016—#4 Oxfam report.
2. Base de datos del Banco Mundial, https://www.bancomundial.org/es/home.
3. Maria Ana Lugo y Divyanshi Wadhwa, "Están aumentando los ingresos de los más pobres en 3 de cada 4 economías", Banco Mundial Blogs, 16 de octubre de 2018.
4. The World Bank Data Catalog, https://datacatalog.worldbank.org/gini-index-world-bank-estimate-1.

5. Francisco G. Navarro, "Programas sociales atacan pobreza en Nicaragua", Conicyt, 19 de enero de 2016, http://www.conicyt.gob.ni/index.php/2016/01/19/programas-sociales-atacan-pobreza-en-nicaragua/.
6. M. Daly, M. Wilson y S. Vasdev, "Income Inequality and Homicide Rates in Canada and the United States", *Canadian Journal of Criminology* 43 (2001): 219–36.
7. "Honduras: panorama general", Banco Mundial, https://www.bancomundial.org/es/country/honduras/overview#1.
8. Andrew Gamble, "El estado de bienestar y las políticas de austeridad", BBVA, https://www.bbvaopenmind.com/articulos/el-estado-de-bienestar-y-las-politicas-de-austeridad/.
9. Yavor Ivanchev, "Doing away with tax havens—good or bad?" Monthly Labor Review, diciembre de 2018.
10. "Los 3 países con menos desempleo en América Latina (y por qué no es necesariamente una buena señal)", *BBC News Mundo*, 5 de julio de 2018, https://www.bbc.com/mundo/noticias-44662399.
11. Mary Dorinda Allard and Anne E. Polivka, "Measuring Labor Market Activity Today: Are the Words Work and Job too Limiting for Surveys?" Monthly Labor Review, noviembre de 2018.
12. Bo Hamby y Eric McDaniel, "Sen. Elizabeth Warren Blasts Big Tech, Advocates Taxing Rich in 2020 Race", *NPR*, 15 de marzo de 2019.

Comprensión de la lectura

Seleccione la respuesta más apropiada para cada pregunta.

1. El propósito principal del artículo es...
   a. discutir los problemas económicos que enfrentan la mayoría de los países en desarrollo.
   b. presentar una opinión que está a favor de minimizar los niveles de desigualdad del ingreso.
   c. comparar argumentos y diferentes prácticas en referencia al tema de la redistribución de riquezas en el mundo.
   d. explicar la forma en la que la brecha entre ricos y pobres se ha agrandado en la última década.
2. ¿Cuál de las siguientes oraciones es la más apropiada para el final del sexto párrafo?
   a. Muchos de los países que están experimentando desafíos económicos en la actualidad se beneficiarían si copiaran los programas implementados en Honduras.
   b. No todos los países tienen un gran porcentaje de ciudadanos demandando la redistribución de riquezas.
   c. La inestabilidad económica en la Unión Europea ha causado que muchos escandinavos soliciten ayuda del gobierno.
   d. Para los Estados Unidos, un coeficiente de Gini de 45 quiere decir que la riqueza del país está distribuida de manera bastante equitativa.

3. Cuando se habla de redistribución de riquezas, ¿a qué se está haciendo referencia?
   a. Recursos naturales
   b. Ingresos financieros
   c. Préstamos económicos
   d. Propiedad privada
4. La religión cristiana cita el ejemplo de Jesús como un defensor de la justa repartición de los bienes. ¿Cómo se compara el ejemplo de Jesús con este debate?
   a. Él estaba conforme a pesar de su pobreza.
   b. Él pagaba impuestos como todos los demás.
   c. Él cuidaba diariamente de los niños y ancianos desamparados.
   d. Él instruyó que los ricos compartieran su dinero con los pobres.
5. "[L]as grandes fortunas se van al extranjero limitando el crecimiento de los pobres y de la clase media, [enriqueciendo] a unos cuantos que acaparan el 71% de la América Latina". Al leer este pasaje, podemos inferir que esto generalmente ocurre al manifestarse...
   a. una evasión al pago de mayores impuestos.
   b. una privatización de las industrias en general.
   c. una reorganización de las clases sociales.
   d. una reducción del gasto público de una nación.
6. En el año 2008, dos de cada tres norteamericanos creían que aquellos en los niveles de ingresos más altos pagaban muy poco en impuestos, por lo que se puede inferir que...
   a. aquellos con niveles de ingreso más bajos no están pagando suficientes impuestos.
   b. la mayoría de los norteamericanos no se consideran ricos.
   c. Estados Unidos tiene una política de tasas fijas de impuestos a la renta.
   d. Estados Unidos debería reducir su deuda incrementando los impuestos.
7. La idea principal del penúltimo párrafo es que...
   a. los sueños y esperanzas de los ciudadanos previenen que Estados Unidos llegue a enfrentar un destino similar al de aquellos países menos estables.
   b. si los gobiernos no distribuyen sus riquezas de manera equitativa entre sus ciudadanos, las rebeliones en el mundo continuarán.
   c. los norteamericanos en general necesitan obtener mejor preparación académica, pero también es necesario aumentar los impuestos para los más pudientes.
   d. las jerarquías sociales son uno de los factores que causan inestabilidad tanto en el sector privado como en el público.

Dominio del vocabulario

Vocabulario activo de colocaciones	
Gobierno y sociedad	**General**
1. promover/defender la democracia	1. un acalorado debate
2. la discrepancia/disparidad económica	2. un buen ejemplo de algo
3. elevar el nivel de vida	3. cerrar la brecha
4. ganarse la fortuna	4. corroborar datos
5. gravar a una tasa más alta	5. en el punto más extremo
6. la justicia salarial	6. entablar una relación
7. las prestaciones de salud o jubilación	7. factores en juego
8. proveer igualdad de oportunidades	8. hallar una solución viable
9. la red de seguridad	9. libre de cargo
10. la redistribución de la riqueza	10. proveer un incentivo para algo
11. la Secretaría o el Ministerio de Trabajo	11. tener un patrón común
12. el seguro de salud universal	12. tener una obligación moral
13. los servicios públicos	13. el término más comúnmente usado
14. el sistema progresivo de impuesto sobre la renta	14. tomar en consideración algo
15. los subsidios del gobierno	15. suscribirse a la idea de algo

Expansión del vocabulario

A. Complete los mapas conceptuales que comenzó en la sección de prelectura usando el vocabulario activo y las colocaciones del cuadro anterior. Para hacer esto, puede necesitar expandir sus asociogramas agregando nuevas cajas y conexiones.

B. Encuentre los términos en la columna "gobierno y sociedad" del vocabulario activo de colocaciones que mejor se asocien con las definiciones presentadas a continuación:

1. La transferencia de ingresos o prestaciones a través de mecanismos gubernamentales.
2. Las diferencias de riqueza e ingresos entre individuos y grupos dentro de una sociedad.
3. Proveer a todos los miembros de la sociedad con cobertura médica a expensas del gobierno.
4. El repartimiento de bienes o privilegios que desencadena acciones de igualdad para los sectores más desfavorecidos de la sociedad.
5. Salvaguardas contra posibles desgracias o dificultades.
6. Incrementar las posibilidades económicas de la población o de un subgrupo de ella.
7. Tratar a los empleados y a otros sin discriminación, especialmente de género, raza o edad.
8. Servicios gubernamentales proporcionados a todos los habitantes de un país.
9. Propagar o divulgar los principios y valores en los que el poder político es ejercido por los ciudadanos.
10. Un gravamen de porcentaje mayor aplicado a individuos de altos ingresos en vez de aquellos de bajos ingresos.

C. En las siguientes oraciones, elimine el concepto que no cuadre y explique a su compañero/a la conexión entre las palabras que queden:

1. Salarios, incentivo, estratos sociales, honorarios.
2. Seguro social, educación, impuestos, riqueza.
3. Fondo, red de seguridad, tasas de impuesto, subsidiar.
4. Jerarquías, justicia social, obligación moral, beneficencia.
5. Estable, dependiente, autosuficiente, universalidad.

D. En el sitio web *Corpus del español* (https://www.corpusdelespanol.org/web-dial/) se pueden buscar las colocaciones más frecuentemente asociadas con las palabras que interesen. Para buscarlas, utilice el enlace anterior y haga clic en *Browse*. Habrá un cambio de página y en la casilla en blanco, a la derecha de *Word form*, escriba las palabras en negrita de esta actividad. Haga clic en *Find words*. Complete los espacios en blanco del siguiente texto usando colocaciones asociadas con estas palabras:

1. Aunque la empresa ______ **salarios** ______, los trabajadores ______.
2. Muchos ciudadanos ______ **acalorado debate**, que ______ la mención ______ **programas de asistencia social.**
3. Para ______ **servicios públicos** ______, el hospital necesitará ______ **donaciones**.
4. Nuestro país ______ una **red de seguridad financiera** para el mundo y ______ un imán de bienestar global.
5. ______ tienen un **nivel de vida** más alto; sin embargo, se vuelve difícil de ______ y aún más ______ cuando ______.

E. Escriba cinco oraciones que podría usar en el debate para apoyar su postura. Dentro de cada oración, use una de las palabras del vocabulario activo con al menos una de sus colocaciones.

Exploración del significado

A. Rellene la siguiente tabla con cuantas palabras y colaciones relacionadas sea posible en las columnas sobre (1) el gobierno, (2) la riqueza y (3) la pobreza, teniendo en cuenta que algunas de ellas pueden clasificarse en varias categorías.

El gobierno	La riqueza	La pobreza
•	•	•
•	•	•
•	•	•
•	•	•
•	•	•
•	•	•
•	•	•

B. Escanee el artículo para encontrar las menciones de los países escandinavos e hispanos específicamente. Con un/a compañero/a, use las colocaciones de la actividad anterior para responder a estas preguntas sobre cada país. También se pueden consultar otras fuentes de internet.

1. ¿Tiene este país una distribución equitativa de la riqueza?
2. ¿Qué factores probablemente condujeron a esta distribución?
3. ¿Cuáles han sido los efectos de esta distribución en los ciudadanos?
4. ¿Qué consejo le daría al gobierno de ese país?

C. Una las palabras de la columna de la izquierda con su equivalente en la columna de la derecha.

1.	un aspecto de interés	a.	proveer un estímulo
2.	un debate acalorado	b.	una desavenencia ideológica
3.	otorgar un incentivo	c.	basar la conjetura
4.	una discrepancia de criterios	d.	un buen ejemplo
5.	apoyar la creencia	e.	una polémica disputa
6.	solventar un problema	f.	afrontar una disyuntiva

D. Complete las siguientes oraciones usando las colocaciones y el vocabulario que se ha aprendido hasta ahora, según sea más apropiado:

1. El estado de bienestar se enfrenta a desafíos...
   ____
2. La redistribución de la riqueza puede conducir a una situación en la que...
   ____
3. La relación entre crecimiento económico y distribución del ingreso ha sido...
   ____
4. Los defensores de la autosuficiencia destacan el papel del individuo en...
   ____
5. Los efectos de un sistema de redistribución implican...
   ____

E. Numere las siguientes citas con su idea principal. A continuación, añada varias colocaciones de la lista de vocabulario activo que respalden cada opinión.

Hay que pedir solidaridad a los millonarios. Aquí no se ha ofrecido ninguno a pagar más impuestos"
Alfredo Pérez Rubalcaba—España

"El delito solo existe para los pobres, mientras los ricos y poderosos andan inventando nuevas leyes para impedir que los pobres se rebelen y ellos sigan robando al pueblo en los bancos, telefonía, recibos de luz, agua, gas, impuestos..."
Alex Pimentel—Perú

"Tenemos un sistema que cobra cada vez más impuestos al trabajo y subsidia el no trabajar"
Milton Friedman, premio Nobel de economía en 1976

"El gobierno que con una mano exige aumento de impuestos debe con la otra procurar el aumento de la riqueza"
José Cecilio del Valle—Honduras

"La democracia dejará de existir cuando se quite a aquellos que están dispuestos a trabajar para dar a los que no lo harían"
Thomas Jefferson—EE.UU.

Idea principal	Colocaciones
1. Los impuestos deben gravarse a los más ricos	recaudación, tributario, incrementar...
2. El reparto de riqueza puede amenazar la democracia	
3. Hay que limitar los impuestos a los pobres	
4. La autosuficiencia es importante	
5. Los impuestos deben ser la vía a la justicia social	

F. ¿Con cuál de las citas anteriores está más de acuerdo? Explique el porqué.

G. La siguiente tabla ilustra las tasas de impuestos en varios países. Elija un país y explique si cree que su tasa impositiva contribuye al nivel de vida de sus ciudadanos. Para ello, válgase de su conocimiento de la situación económica de ese país, el nivel de disparidad económica, la cantidad y calidad de los servicios públicos o cualquier otra información relevante. En su respuesta use al menos cinco palabras o frases del vocabulario estudiado.

Proporción de impuestos sobre el PIB (Producto Interior Bruto): los nuevos datos de la OCDE en la publicación anual Revenue Statistics 2018 muestran que los ingresos fiscales como porcentaje del PIB (es decir, la relación de impuestos sobre el PIB) han seguido aumentando desde el punto bajo que fue experimentado en casi todos los países en 2008 y 2009 como consecuencia de la crisis económica y financiera. La relación promedio de impuestos a PIB en los países de la OCDE fue de 34.2% en 2017, en comparación con 34.0% en 2016 y 33.7% en 2015. La cifra de 2017 es la tasa promedio más alta registrada de impuestos de OCDE desde que comenzó en 1965.

Países de la OCDE con mayor carga fiscal	
Francia	46.2%
Dinamarca	46.0%
Bélgica	44.6%
Suecia	44.0%
Finlandia	43.3%
Italia	42.4%
Austria	41.8%
Grecia	39.4%
Países Bajos	38.8%
Luxemburgo	38.7%

Países de la OCDE con menor carga fiscal	
México	16.2%
Chile	20.2%
Irlanda	22.8%
Turquía	24.9%
Corea del Sur	26.9%
Estados Unidos	27.1%
Nueva Zelanda	27.8%
Suiza	28.5%
Lituania	29.8%
Letonia	30.4%

Fuente: OCDE Organización para la Cooperación y el Desarrollo Económicos—Datos 2017
https://www.oecd.org/centrodemexico/estadisticas/

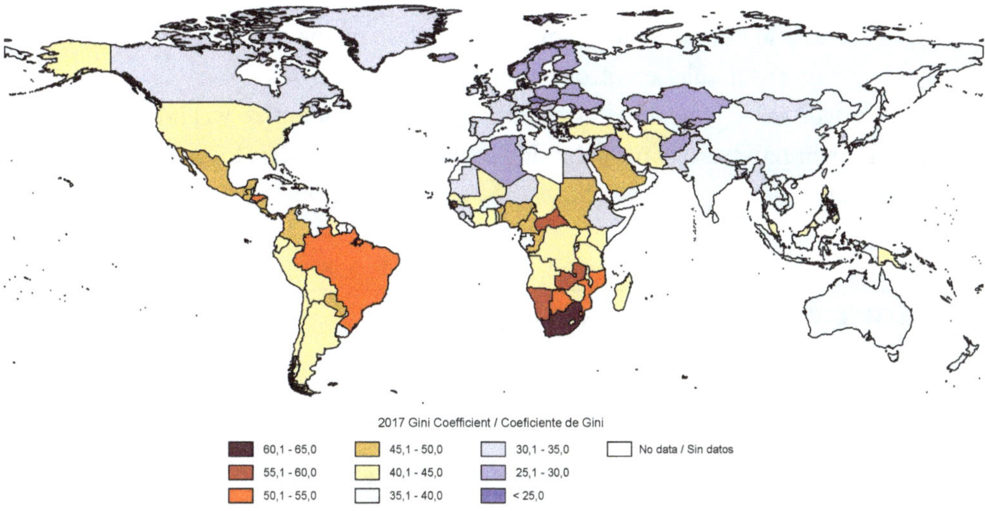

Mapa esquemático de países según la distribución de su riqueza de acuerdo al coeficiente de Gini https://es.wikipedia.org/wiki/Coeficiente_de_Gini

Comentando el artículo

Con un/a compañero/a, conteste las siguientes preguntas, usando el vocabulario y las colocaciones previamente estudiadas:

1. ¿Qué indican las estadísticas de las Naciones Unidas sobre la disparidad económica en el mundo? ¿Qué inferencias se pueden hacer a partir de los datos dados en el artículo?
2. ¿Qué consecuencias tiene la desigualdad económica en los países en desarrollo, por un lado, y en los desarrollados, en el otro?
3. En su opinión, ¿qué factores podrían contribuir a los bajos coeficientes de Gini encontrados en los países escandinavos? ¿Por qué el coeficiente es tan alto en otros países?
4. ¿Reduce la redistribución de la riqueza la brecha entre las clases sociales? Si es así, ¿cómo? Si no, ¿por qué no?
5. ¿Qué cuestiones morales plantea la redistribución de la riqueza? ¿Tienen los ricos la obligación moral de ayudar a los pobres? ¿Por qué o por qué no?
6. ¿Cuáles son las ventajas de los programas sociales administrados por el gobierno? ¿Y las de los programas que derivan del sector privado?
7. ¿De qué manera la clase alta explota a la clase baja? ¿De qué manera la apoya?
8. ¿Por qué las medidas económicas que impone cada país llegan a cambiar la perspectiva en épocas de crisis?

9. ¿Cómo afecta al avance de los pobres y de la clase media que las grandes fortunas se vayan a paraísos fiscales en otros países?
10. ¿Cuál puede ser la conexión entre el desequilibrio económico y el incremento en la tasa de criminalidad o la inestabilidad social? ¿Cómo podría logarse una mayor armonía social?

Construcción del discurso crítico

Reconociendo las inferencias

Empareje las palabras y combinaciones que aparecen en el siguiente banco con sus equivalentes diplomáticos subrayados en cada oración.

Banco de palabras		
pobres	despidos	ancianos
caída	subsidios	dinero

1. La administración recién elegida ofreció varios programas de <u>reforma social</u> para estabilizar la economía.
2. Se caracteriza la economía de la región por <u>el crecimiento negativo</u> a pesar de las estrategias implementadas para combatir la crisis crediticia.
3. La ciudad tiene un alto porcentaje de personas <u>menos privilegiadas</u> que residen en barrios económicamente subdesarrollados.
4. La legislatura estatal discutió la propuesta de requerir una licencia de manejo especial para <u>la tercera edad</u> con el objetivo de prevenir accidentes automovilísticos causados por crisis médicas.
5. La reducción de subsidios gubernamentales a pequeñas empresas causó que muchas compañías tuvieran que <u>hacer reducciones</u> en sus plantillas.
6. Acusados por la crisis, los mercados internacionales pueden originar volatilidad en los flujos de <u>capital</u>.

Formación de hipótesis

A. Estudie la siguiente cita para determinar los beneficios que conllevaría una tasa a los impuestos de lujo o bienes suntuarios. Después estudie esta Nota lingüística para poder expresar sus ideas con mayor precisión.

Un Estado tiene tres fuentes básicas de financiamiento: la recaudación impositiva, las eventuales ganancias de las empresas públicas y el endeudamiento. De las tres, la primera es la que debiera ser la más importante. Tomemos el impuesto a las ganancias, que bien aplicado resulta el más progresivo... Si se pusiera un impuesto a los bienes suntuarios, la estimación más conservadora indica que, en un par de años, el déficit fiscal desaparecería. No harían falta el endeudamiento interno ni externo. Ahora bien, el endeudamiento no es bueno o malo en abstracto, sino que depende de para qué se hace. Lo importante es comprender su tendencia. Desde luego, si se implementase una reforma tributaria como la que sugiero, tardaría dos o tres años en rendir sus frutos.

José Nun, abogado y politólogo argentino

Fuente: https://jorgefernandezdiaz.cienradios.com/nun-subieran-impuestos-fortunas

Nota lingüística—Uso de los tiempos perfectos: el pluscuamperfecto

Al hablar de tiempos verbales, el concepto de perfección (referido como un tiempo perfecto) implica que la acción está en el pasado, que ha terminado. Así, el pluscuamperfecto (más que perfecto) en los modos indicativo y subjuntivo indica una acción anterior a otra del pasado, es decir, algo que ha terminado y es anterior a otro evento del pasado. Por ejemplo: El gobierno creyó que esto había sucedido... Aunque el gobierno no creyera que esto hubiera sucedido...
En las cláusulas condicionales, el pluscuamperfecto expresa acciones que tuvieron lugar antes de un tiempo pasado específico o que habrían tenido lugar en diferentes condiciones.

B. Usando el patrón para construir hipótesis que ya se ha mostrado en el tema 1, responda a las preguntas con relación al impuesto a los bienes de lujo.
¿Se ha decretado un impuesto a los bienes suntuarios en el país en que vive o en el que nació?

1. En caso afirmativo, ¿cuáles fueron las consecuencias de la implementación de tal impuesto? Especule con la siguiente situación hipotética: Si el gobierno hubiera conocido de antemano las consecuencias que acarrearía ese impuesto, ¿se habría actuado diferentemente?
2. En caso negativo, si se hubiera establecido el impuesto a los bienes de lujo hace unos años, ¿cuáles serían los resultados en la actualidad?

Debate de práctica

En grupos de dos, improvisen un breve diálogo entre los siguientes personajes. Represéntelo ante la clase.

Contexto: Un candidato presidencial celebra una reunión con su electorado en una ciudad metropolitana. Los ciudadanos que asisten varían desde los ejecutivos de negocios (ricos) a los residentes necesitados.

Situación A: El/la candidato/a presidencial intenta satisfacer los intereses de las clases acaudaladas y las clases de bajos recursos.

Situación B: El/la candidato/a a vicepresidente.

Situación C: Representantes de los miembros de la sociedad menos privilegiados.

Situación D: Representantes de la clase media.

Situación E: Representantes del sector adinerado de la sociedad.

Comprensión auditiva

Preparación

Antes de escuchar el archivo de audio, complete la siguiente tabla con predicciones sobre los argumentos que crea que va a escuchar.

Los gobiernos deberían imponer la redistribución de la riqueza	Los gobiernos deberían imponer la autosuficiencia
•	•
•	•
•	•
•	•
•	•
•	•

Mientras se escucha

A. Atienda a la comprensión general: Escuche el archivo de audio 3.2 y ponga una marca junto a los argumentos que aparecen en la tabla del ejercicio anterior. Añada argumentos adicionales que faltaban en su tabla.

B. Preste atención a los detalles específicos: Escuche de nuevo el archivo de audio y clasifique los argumentos que enumeró en la tabla anterior como "fuertes" o "débiles". Proponga formas de mejorar o fortalecer los argumentos que etiquetó como "débiles".

Después de escuchar

A. ¿De qué lado cree que se presenta un argumento más persuasivo? Apoye su opinión citando el argumento más fuerte que se presente.

B. En cada debate, alguien tiene la última palabra. Prediga la respuesta del lado opuesto ante el último argumento escuchado.

Construyendo el argumento: el proceso escrito

Planificación del escrito: el esquema

Además de tener argumentos válidos para respaldar una tesis, un ensayo debe estar estructurado de tal manera que el lector pueda seguir la línea de pensamiento de su autor. Por ello, es conveniente que use las siguientes pautas para estructurar su ensayo argumentativo:

1. Introducción: un ensayo persuasivo comienza con un párrafo introductorio que describe el contexto y expone la tesis.
2. Cuerpo principal: el cuerpo principal del ensayo consta de tres a cuatro párrafos que exponen los argumentos clave y muestran la evidencia que apoya la tesis establecida. Por un lado, hay que evitar afirmaciones que no se puedan apoyar y por otro, proporcionar datos que fortalezcan el argumento. También se deben presentar puntos de vista opuestos, que anticipen las dudas u objeciones que pudiera tener el lector.

   Un contraargumento exitoso comienza con un punto de concesión, presentado con una frase como: *hay quienes podrían objetar..., podría parecer que..., o por supuesto, algunos...*seguido por el punto de vista opuesto, expresado de la manera más breve y clara posible. El contraargumento suele ir justo después de la introducción o antes de la conclusión.

3. Conclusión: un ensayo persuasivo termina con una conclusión que NO resuma meramente el argumento, sino que reafirme la declaración de la tesis, dé unidad al escrito y añada un elemento de cierre.

A. Lea el siguiente ensayo y organice los puntos clave en según este esquema:
Declaración de tesis
Contraargumento
Argumento 1
 Evidencia 1
Argumento 2
 Evidencia 2
Argumento 3
 Evidencia 3
Conclusión (Actualización de la tesis—no hay que repetir lo que ya se haya presentado)

La redistribución de la riqueza en los Estados Unidos (ensayo de opinión)

Kelvin Jensen, Estados Unidos

No es necesario leer el periódico con gran detenimiento para darse cuenta de que la cuestión de la previsión social, o la redistribución de la riqueza, es un tema controvertido y pertinente hoy en día. En Estados Unidos, por ejemplo, la cuestión se debate vehementemente entre políticos en épocas de elecciones presidenciales, y algunos pensadores opinan que los dos partidos políticos principales (republicano y demócrata) se diferencian mayormente por sus respectivas posturas ante este polémico tema.[1] Adicionalmente, el asunto es muy consecuente, dado que las medidas que tome el gobierno al respecto acarrearán consecuencias que remodelarán el tejido socioeconómico del país, por lo que no es de esperar que un letrado haya observado que la previsión social es "la cuestión más relevante de la escena política de la actualidad".[2]

Por razones no muy claras, el número de estadounidenses que favorecen la redistribución de la riqueza ha ido creciendo rápidamente. En un sondeo de 2017, el 32% de la población reportó que "estarían a favor de un esquema para redistribuir la riqueza" y entre la generación del milenio (o millennials), el 45% contestó afirmativamente.[3] Sin embargo, aunque la palabra "socialismo" ya no se considere el tabú que era tiempo atrás, sería contraproducente si el gobierno se dejara llevar por esas nuevas corrientes e implementara un régimen socialista por dos razones: el socialismo debilitaría la economía y también violaría la Constitución de los EE.UU.

Dos axiomas fundamentales de la economía como disciplina implican el egoísmo innato del ser humano y la respuesta natural a incentivos. Evidentemente, de todos es sabido que cada quien busca lo que le resulta más conveniente y por eso, por ejemplo, la Hacienda Pública audita los informes de ingreso de los ciudadanos, en las escuelas los maestros no dejan que los alumnos tomen exámenes sin supervisión, las tiendas requieren que los clientes muestren una prueba de compra si quieren devolver algo, etc. Claro está, hay quienes cometen actos de altruismo y se sacrifican por los demás, y muy probablemente serían honestos en el momento de presentar los informes de sus ingresos o a la hora de hacer exámenes, pero desafortunadamente esas personas escasean.

Tampoco es difícil comprender que la sociedad responda a los incentivos, proposición que va de la mano con el primer axioma. La razón por la que los americanos no mentimos en el informe de la renta es que no queremos correr el riesgo de que se nos multe o persiga. En otras palabras, el poder de coerción del estado nos incentiva a ser honestos en el momento de entregar el informe.

La aplicación de estos principios implica que la redistribución de la riqueza sería nociva para la economía: los empresarios inventan productos, las compañías hacen innovaciones y los emprendedores invierten en los mercados, no porque les inspire el amor por mejorar la calidad de vida de otros humanos, sino por el deseo de hacerse ricos y prósperos. El gobierno de EE.UU., a su vez, incentiva tal innovación e inversión con el cobro reducido de impuestos. De hecho, en comparación con otras naciones democráticas occidentales, EE.UU. recauda muy leves gravámenes y hace cumplir muy pocas regulaciones, lo que significa que empresarios y emprendedores pueden retener casi todo el capital que generen. Sin embargo, todo eso cambiaría si el país adoptara un programa socialista por el aumento de impuestos que esto conllevaría. Este crecimiento beneficiaría a las clases más bajas, pero ciertamente reduciría los incentivos de seguir innovando e invirtiendo. Estados Unidos de América ya no sería el gran motor de la economía global y dejaría de marcar el rumbo en áreas como la asistencia médica, la ciencia o la tecnología. En resumidas cuentas, el socialismo americano sería un proyecto retrógrado.

Pero tal vez a usted le parezca más importante la igualdad, o al menos la equidad de ingresos, que la eficacia económica y la hegemonía global del país. Aunque así fuera, la razón por la cual la implementación del modelo socialista sería problemática se debe a razones constitucionales. Algo distintivo del sistema constitucional americano es que no solo el gobierno prohíbe violar los derechos de sus ciudadanos tales como la libertad de expresión, sino que también priva el ejercicio de poderes no mencionados en el texto de la Constitución. Esta característica, conocida como la doctrina de poderes enumerados ("doctrine of enumerated powers"), constituye una significativa restricción, dado que la Constitución es un documento breve y los poderes enumerados son relativamente pocos. Por ello, al preguntar si la Constitución fomenta el establecimiento de un régimen socialista, la respuesta es un rotundo no. Se podría analizar detenidamente la Constitución y encontrar varios privilegios y permisos: se vería cómo puede el gobierno declarar la guerra, regular el comercio entre los estados, firmar acuerdos internacionales, establecer un sistema de correos y promover instituciones de educación superior, por ejemplo, pero nunca se encontraría el poder para redistribuir la riqueza, y esta ausencia no debería sorprenderle a nadie. El socialismo requiere que el gobierno sea "grande"—que asuma muchas responsabilidades y consuma muchos recursos—y los redactores de la Constitución desconfiaban precisamente de regímenes así. El meollo del asunto es que la Constitución sencillamente no permite que Estados Unidos se transforme en una nación socialista.

Los aficionados al socialismo no son los monstruos diabólicos que algunos ultraderechistas mantienen; la gran mayoría son personas informadas que sinceramente buscan aliviar el sufrimiento de los miles de necesitados de este país y consideran que los principios socialistas son la mejor medida para remediar la injusticia que observan.[4] Sin embargo, el socialismo no puede tener lugar. Una medida que debilitaría nuestra economía y contravendría la Constitución no es una solución factible; ni siquiera debería considerarse.

Notas

1. Samantha Smith, "Why People are Rich and Poor: Republicans and Democrats Have Very Different Views", Pew Research Center, 2 de mayo de 2017.
2. "On Income Inequality", Federalist Society debate, BYU chapter, marzo de 2019.
3. Ibid.
4. Veáse, por ejemplo, en la web de Rush Limbaugh Show, 15 de agosto de 2013.

B. Lea los dos párrafos siguientes en apoyo de la redistribución de la riqueza en Estados Unidos. ¿Qué párrafo ofrece datos sólidos para respaldar la opinión del autor de ese párrafo y cuál presenta afirmaciones no probadas?

> Desde 1980, la distribución de la riqueza en los Estados Unidos ha cambiado dramáticamente. Los ricos se han vuelto más ricos y los pobres se han vuelto más pobres. Los datos del Instituto de Política Económica (EPI), en su informe "The State of Working America", demuestran que, entre 1983 y 2010, el 5% de los principales ingresos aumentaron su participación en el pastel en un 74,2%, mientras que el 60 %inferior observó disminuir su participación en el ingreso nacional.
>
> En contraste con los últimos treinta y dos años de creciente desigualdad, entre 1935 y 1975 la igualdad aumentó en los Estados Unidos. Esto no significó que los ricos sufrieran; solo significaba que aumentaron su riqueza en igual

proporción a la del resto del país. Una serie de políticas gubernamentales ayudaron a crear un campo de juego más nivelado. Durante esos años, Estados Unidos tuvo un impuesto sobre la renta muy progresivo, y el gobierno gastó su dinero en sostener una clase media fuerte. Así pues, construyó y mantuvo la mejor infraestructura del mundo y pagó a sus trabajadores salarios sindicales. El país creó el sistema de educación superior más grande y extenso del mundo y además subsidió dramáticamente la educación de millones de personas con matrícula baja o gratuita y un generoso programa de becas para militares, veterano y sus dependientes.

Fuente: http://www.t13.cl/noticia/negocios/mundo/bbc/que-tan-ricos-son-los-superricos-en-estados-unidos-y-por-que-es-tan-dificil-medir-su-riqueza

Redacción del ensayo de opinión

Escriba un ensayo persuasivo o de opinión sobre el tema de "distribución de la riqueza versus autosuficiencia". Puede ser una respuesta al ensayo de opinión del capítulo o un escrito de naturaleza más general. Debe tener una extensión de cinco a seis párrafos e incluir colocaciones y vocabulario activo de este tema.

Construyendo el argumento: el proceso oral

Implementación de estrategias retóricas

A. Estudie la siguiente nota:

Nota de estrategia En el tema 1 se analizó la primera de las cinco estrategias de debate: las preguntas de conjetura. En el tema 2 se repasaron las estrategias de definiciones. Esta unidad se enfoca en la estrategia de causa-efecto e incorpora la relación entre algo que está pasando y lo que de ello resulta (o sea causa y consecuencia o causa-efecto) en preparación para el debate de este tema global.

B. Repase el texto y resalte las palabras de causa-efecto más importantes que Ud. pueda usar para apoyar su argumento. Por ejemplo, si está defendiendo la postura que implica que la redistribución de la riqueza es responsabilidad del gobierno, debería resaltar las palabras, frases e ideas principales del texto que examinen las consecuencias en una sociedad donde el gobierno falle en socorrer a los más necesitados. Haga una lista con cinco puntos o frases que apoyen su argumento.

1. ______________________________
2. ______________________________

3. ______________________________
4. ______________________________
5. ______________________________

C. Durante el debate, Ud. puede usar estas ideas de causa-efecto para apoyar su argumento o para oponerse a las contrademandas de la otra parte. Por ejemplo, podría hacer y contestar la siguiente pregunta: *¿Qué pasaría si el gobierno socorriera demasiado a los pobres?* Basándose en las declaraciones de causa-efecto que ha presentado anteriormente, escriba cinco oraciones o preguntas que Ud. pueda usar en el debate:

1. ______________________________
2. ______________________________
3. ______________________________
4. ______________________________
5. ______________________________

D. Mientras se prepara para el debate, Ud. puede predecir que el oponente va a usar declaraciones de causa-efecto para apoyar su argumento y puede oponerse a estas declaraciones al remarcar las debilidades en dichas definiciones de causa-efecto del oponente. Por ejemplo, es posible que la otra parte argumente que todo el mundo tiene la misma oportunidad para hacerse rico. ¿Cómo podría Ud. enfrentar ese argumento? Ud. podría argumentar que el acceso a la riqueza es desigual y que la clase social y las oportunidades dependen de muchas variables.

Repase el texto y haga una lista de cinco relaciones de causa y efecto que el oponente podría usar para formular su argumento del debate. Luego, explique cómo respondería a los razonamientos contrarios.

1. ______________________________
2. ______________________________
3. ______________________________
4. ______________________________
5. ______________________________

E. Repaso y aplicación de las estrategias anteriores del debate. En los temas 1 y 2 repasamos las primeras dos de las cinco estrategias de debate: las preguntas de conjetura y las preguntas de definiciones. En preparación para el debate de este tema, aplique estas estrategias para apoyar su argumento o refutar el de la otra parte.

Cómo presentar el tema

Utilice las siguientes expresiones para atajar a la contraparte del debate, repasándolas e incorporándolas en los argumentos escritos y orales.

1. Aparentemente X asume que...
2. En la discusión de X, un asunto controvertido es...
3. Por un lado, X argumenta que... Por otro lado, X afirma que...
4. Aunque raras veces lo admita, a menudo X da por hecho que...
5. Mientras algunos están convencidos de que...otros mantienen que...

Cómo responder a las preguntas

Habrá momentos durante el debate en los que no tendrá la información adecuada. En caso de que surja tal situación, puede utilizar las siguientes expresiones:

- Para resolver este asunto se requiere más investigación.
- Siento no tener todos los datos en este momento para poder ofrecerle una respuesta satisfactoria
- Creo que tendríamos que repasar los datos específicos. Lamento no tener la información accesible en este momento.
- Su pregunta está por encima de mis límites actuales y me temo que no la puedo contestar en este momento.

A. **Presentación oral:** Haga una presentación oral de 3-5 minutos defendiendo su posición sobre los temas. Después de practicar, grabe la presentación y escúchela. ¿Cuáles son las áreas fuertes y débiles de la grabación? Esté listo/a para representar la exposición ante la clase.

B. **A debatir:** Ha llegado el momento del debate. Sintetice todos los apuntes que apoyen sus argumentos, colocaciones de vocabulario activas y respuestas a los temas que se usarán durante el debate. ¡Ojo! Recuerde que estos apuntes sirven solo como referencia y no los puede leer directamente durante el debate.

Reflexión

Autoevaluación

A. Reflexione sobre el tema 1. Puntúe, de 1 a 6 su nivel de preparación para el debate:

1. Estaba preparado/a para el debate.
2. Estaba motivado/a para debatir este tema.
3. Me esforcé mucho en prepararme para debatir este tema.

1	2	3	4	5	6
Totalmente de acuerdo	De acuerdo	Parcialmente de acuerdo	Parcialmente en desacuerdo	En desacuerdo	Totalmente en desacuerdo

B. Si la mayoría de sus respuestas están en el lado derecho de la escala, ¿qué puede hacer para desplazarse hacia el lado izquierdo? Si la mayoría de sus respuestas están en el lado izquierdo de la escala, ¿qué puede hacer para mantenerse allí?

Repaso de vocabulario

Identifique diez colocaciones que haya aprendido de esta unidad de estudio, prestando especial atención a las que hayan sido más útiles para debatir el tema.

1. ______________________________
2. ______________________________
3. ______________________________
4. ______________________________
5. ______________________________
6. ______________________________
7. ______________________________
8. ______________________________
9. ______________________________
10. ______________________________

TEMA 4

Conservación cultural o diversidad

Inmigración: ¿amenaza o pluralidad?

Related NCSSFL-ACTFL Can-Do Statement:
I can participate with ease in a complex discussion on the challenges of immigration showing awareness of cultural perspectives.

Antes de la lectura

Presentación del tema

10 países que albergan a la mayor cantidad de inmigrantes en 2019		
1	Alemania	1.345.943
2	Estados Unidos	1.031.765
3	España	666.022
4	Japón	591.961
5	Turquía	578.488
6	Reino Unido	507.000
7	Corea del Sur	438.220
8	Canadá	341.173
9	Francia	266.341
10	Italia	264.571

A. Revise esta tabla de los diez primeros países con el mayor número de inmigrantes. Elija varios países de la tabla y haga una lista de posibles razones que apoyen el nivel de migración hacia esas naciones. Preste especial atención a los países en los que se habla español (Estados Unidos y España). Comparta sus respuestas con un/a compañero/a e identifique similitudes y diferencias. País y razones que apoyan su posición en la tabla: ______________________________

1. ______________________________
2. ______________________________
3. ______________________________

B. Después de Alemania están, con mucha diferencia, Estados Unidos, España, Japón y Turquía, entre los cinco primeros receptores de inmigrantes (ver tabla). ¿Por qué tan pocos países albergan a una cantidad tan significativa del flujo migratorio? Como países hispano-hablantes, solo España aparece entre los primeros países que reciben el mayor número de inmigrantes, ¿qué razones podrían dar?

C. Estudie la nota lingüística 1 con las definiciones extraídas del *Diccionario de la lengua española.*

Nota lingüística 1	
migración	Desplazamiento geográfico de individuos o grupos, generalmente por causas económicas o sociales.
emigración	Acción y efecto de emigrar. **emigrar:** Dicho de una persona: Abandonar su propio país para establecerse en otro extranjero. Abandonar la residencia habitual en busca de mejores medios de vida dentro de su propio país. **emigración golondrina:** emigración que no tiene como fin establecerse en otro país, sino realizar en él ciertos trabajos para volver después al propio.
inmigración	Acción y efecto de inmigrar. **inmigrar:** Dicho de una persona: Llegar a un país extranjero para radicarse en él. Instalarse en un lugar distinto de donde vivía dentro del propio país, en busca de mejores medios de vida.

Creación de mapas conceptuales (asociogramas)

A. Haga una lluvia de ideas con cuantas palabras conozca asociadas a los desafíos que un país podría enfrentar en relación a su identidad cultural y a los asuntos relacionados con la inmigración. Organice sus ideas para crear dos mapas conceptuales separados según el patrón mostrado a continuación. Después de leer el artículo, podrá agregar más información, así que por ahora, se pueden dejar algunas casillas en blanco.

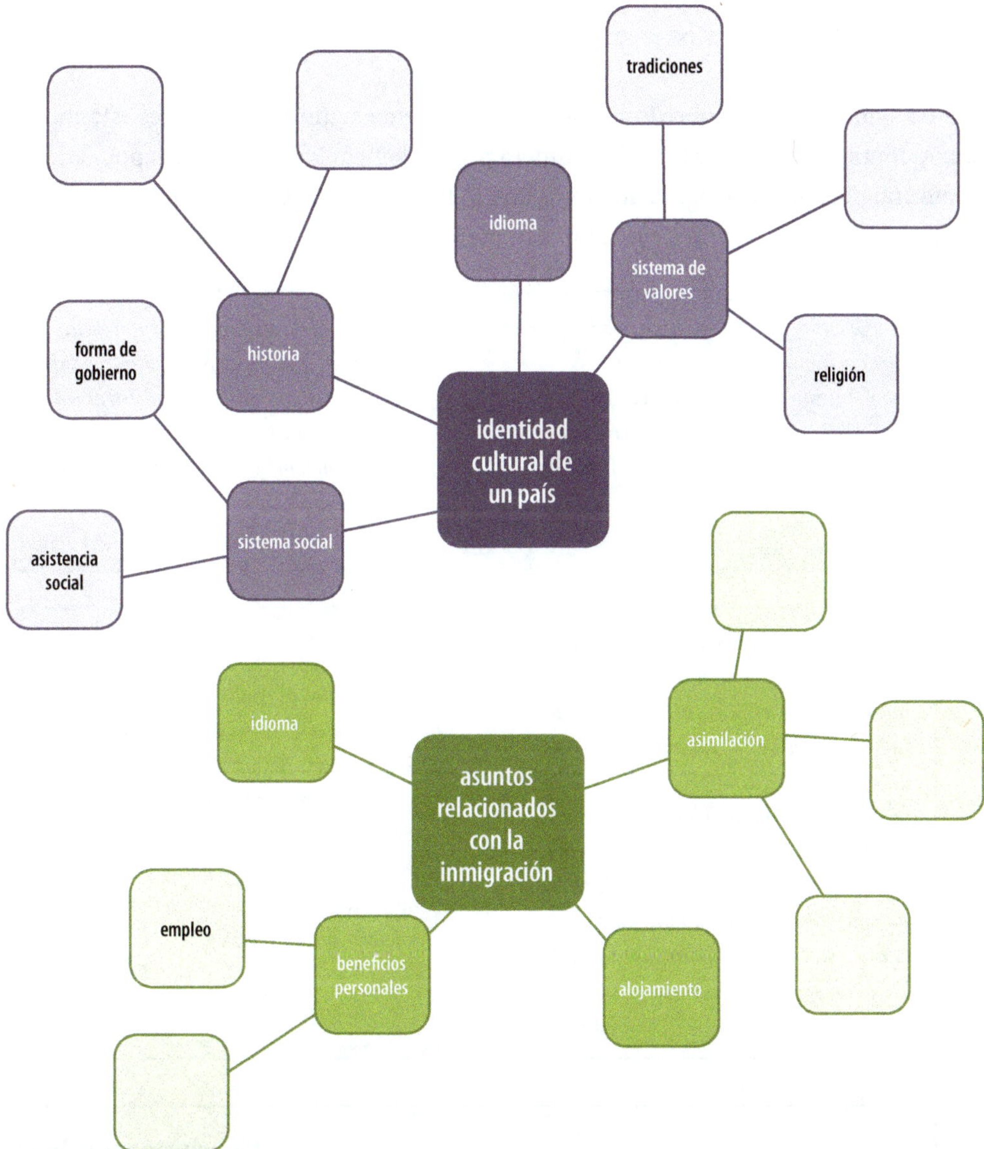

B. Compare sus asociogramas o mapas conceptuales con los de sus compañeros/as para generar ideas adicionales. Después de completar los dos mapas, decida qué áreas temáticas pueden ayudar a superar la brecha entre los dos mapas. En otras palabras, ¿cuáles son las cuestiones relativas a la identidad cultural de un país y a los asuntos relacionados con la inmigración que presentan aspectos en común?

Profundizando ideas y opiniones

Lea las siguientes citas sobre inmigración por parte de algunos presidentes estadounidenses. A continuación, llene la tabla enumerando los beneficios presentados por cada presidente en relación a la acogida de inmigrantes. También indique qué implicaciones presentan las mismas en relación a los valores fundamentales de los Estados Unidos de América.

Los Estados Unidos tenían una obligación hacia la inmigración debido a su asentamiento y prosperidad. Esa parte de los Estados Unidos que había animado a muchos, había avanzado aún más rápido en la población, la agricultura y las artes.
James Madison

Los primeros refugiados huyeron de la persecución religiosa. Nos hemos rendido al miedo y hemos traicionado nuestros valores. La ironía principal fue que estos valores fueron traicionados por los hijos mismos de los inmigrantes.
Barack Obama

Ha llegado la hora de tener una relación mejor con nuestros vecinos, sobre todo, con nuestro vecino del Sur... En vez de ayudar [a México], estamos hablando de levantar un muro. ¿Por qué no hacemos algo para reconocer nuestros problemas comunes y hacer lo más posible para que ellos vengan aquí de forma legal con permiso de trabajo? Así, mientras trabajan aquí y ganan aquí un sueldo, pagarán impuestos aquí. Y cuando quieran volver, volverán a su país.
Ronald Reagan

Al anunciar su candidatura a la presidencia, Donald Trump dijo que los inmigrantes mexicanos «traen drogas, traen delincuencia, son violadores y algunos, creo, son buenas personas». Trump también habló de su habilidad para fortificar la frontera con México: «Nadie construye mejores muros que yo».
Donald Trump

	Beneficios de acoger inmigrantes	**Conclusiones sobre los valores fundamentales de EE.UU.**
James Madison		
Ronald Reagan		
Barack Obama		
Donald Trump		

Estudiando el tema

Lectura enfocada

A. Según lea la lectura *Inmigración: ¿amenaza o pluralidad?*, haga una lista de los argumentos presentados por ambos lados del debate:

Preservación de la cultura	Diversidad mediante la inmigración
•	•
•	•
•	•
•	•
•	•

B. Compruebe la pronunciación de las palabras desconocidas del texto y preste atención a las mismas según vaya escuchando la grabación del audio 4.1.

Inmigración: ¿amenaza o pluralidad?

Rebeca Delgado, España

Si fuera la patria como una madre cariñosa que da abrigo y sustento a sus hijos, si se les dieran tierras y herramientas para sembrar, nadie abandonaría su patria para ir a mendigar el pan a otros países en donde se les desprecia y se les humilla.

Librado Rivera (1864-1932), político y periodista mexicano.

Los movimientos poblacionales no son una novedad de nuestro tiempo. La humanidad, a lo largo de su existencia, se ha desplazado de unos lugares a otros con la voluntad de buscar tierras más prósperas, explorar nuevos territorios, establecer colonias en ellos o, incluso, conquistar y anexionar nuevas superficies. Son multitud los ejemplos que podrían enumerarse: desde las migraciones de nuestros antepasados en la Prehistoria, hasta las aspiraciones rusas en el este de Ucrania, pasando por la llegada a América de Cristóbal Colón en 1492.

No obstante, el fenómeno de la migración, entendido en un sentido más estricto como el "desplazamiento geográfico de individuos o grupos, generalmente por causas económicas o sociales", es relativamente moderno. En las migraciones modernas la decisión de desplazarse la toman los individuos y las motivaciones que les llevan a ello provienen de su propia voluntad de prosperar, no de una aspiración colectiva o institucionalizada.[1] La migración, entendida en este sentido, es hoy un tema candente y uno de los principales puntos de discusión en el panorama político internacional.

Desde el punto de vista de los países receptores de población migrante, el fenómeno se aborda desde tres posturas distintas, dos situadas en los extremos y una tercera que busca conciliar posiciones, y con distinto tipo de discursos: solidario, funcionalista, desconfiado o de rechazo.

En primer lugar, están aquellos que defienden la libertad de tránsito de las personas. En este lado de la balanza encontramos a muchas de las organizaciones de apoyo a los migrantes, que tratan el asunto aludiendo a los derechos humanos, pero también a estudiosos del tema. Uno de ellos es el politólogo belga François Gemenne, quien piensa que la mejor solución a la llegada masiva de inmigrantes a Europa es "legalizar la inmigración y abrir las fronteras".[2] Según él, el cierre de las fronteras externas de la Unión Europea es contrario a los valores con los que surgió y, en última instancia, responsable, junto con el resto de políticas migratorias, de la situación.

Lo cierto es que en Europa las cifras hablan por sí solas: medio millón de personas entraron irregularmente en el año 2015, según ACNUR (UNHCR, en sus siglas internacionales), movidas por la huida de territorios en guerra o la búsqueda de una vida mejor; y al menos 1800 personas perdieron la vida en el intento.[3,4] Ante semejante situación humanitaria, voces como la del antiguo representante de las Naciones Unidas para inmigración, Peter Sutherland, claman por el "welcome everybody" y el abandono de una política de contención fronteriza, contrariamente a lo que defienden ciertas corrientes populistas y nacionalistas que ganan fuerza en este continente.[5]

La apertura cuenta, además, con argumentos de tipo económico. Según el economista estadounidense Michael Clemens, abrir las fronteras podría contribuir a doblar el Producto Interior Bruto (PIB) a nivel global.[6] De hecho, habla de un consenso entre la gran parte de los economistas en la idea de que la inmigración produce más efectos positivos que pérdidas y contribuye al desarrollo económico de las naciones. Prueba de ello es que, según un estudio desarrollado por la OCDE en el año 2013, si se calcula la diferencia entre las contribuciones en concepto de impuestos de los inmigrantes llegados a Europa y los beneficios de los que se aprovechan, el saldo resultante es positivo, con una media de unos 3000 dólares de aportación por inmigrante.

Esto por no hablar del papel que juega la inmigración en los datos demográficos de un continente como Europa, en el que, de no ser por los inmigrantes, muchos países presentarían un crecimiento poblacional negativo.[7] Este es el caso, por ejemplo, de España, donde el crecimiento rápido de la población gracias a los migrantes, unido a una economía próspera, favoreció el gran desarrollo del país antes de la llegada de la crisis económica en el año 2008. El único aspecto preocupante, según el profesor Clemens, es la velocidad de llegada, y es ahí donde deberían centrarse las políticas migratorias.

En una línea totalmente opuesta de pensamiento están quienes abogan por el cierre de fronteras, al entender la inmigración como una de las principales amenazas del estado de bienestar, la seguridad e, incluso, la identidad de las naciones desarrolladas. El clima político estadounidense con Donald Trump deja buenos ejemplos, aunque los defensores de esta postura también se encuentran al otro lado del charco. No hay más que pensar en las políticas británicas en lo referente al Brexit o en el auge de partidos ultraderechistas en Europa.

No debe extrañar que la discusión en torno al fenómeno migratorio sea especialmente polémica en el ámbito americano, pues el mayor corredor migratorio del mundo es el establecido entre México y Estados Unidos, convirtiéndose así en el país que mayor cantidad de migrantes recibe, no solo procedentes de México sino también de todo el continente americano. El gran flujo migratorio ha propiciado que el debate sobre las políticas migratorias se haya situado siempre en primera línea, hasta el punto de que hay quien habla del problema migratorio como el "insomnio americano".[8] George W. Bush ya intentó sacar adelante un proyecto de ley migratoria sin mucho éxito y Obama siguió su camino con otra propuesta que no fue apoyada por la Corte Suprema. La llegada al poder del presidente Trump en 2017 reorientó el camino marcado por sus predecesores, pues las acciones que se plantean en política migratoria resultan más restrictivas, partiendo de la idea de que América y los americanos van primero ("America first").

Las posturas favorables al cierre de fronteras se apoyan, entre otros, en argumentos cuantitativos. Según el físico Albert A. Bartlett, al hablar de inmigración, se tienen en cuenta aspectos como la ley y el orden, la economía y el factor humanitario, pero hay un cuarto aspecto que se subestima: el aspecto numérico. Y es que, en sus palabras, la población de los Estados Unidos ha excedido la capacidad de asimilación de su territorio y, por tanto, la economía no puede resultar sostenible.[9]

En la misma línea van las ideas de quienes vinculan los problemas medioambientales a la superpoblación de algunos países desarrollados debido a la inmigración. Estas teorías se aplican también a los Estados Unidos, cuyo contingente poblacional es el más alto de todos los países industrializados. Para algunos investigadores, se necesitarían tres planetas como la Tierra para mantener a toda la población mundial. Por lo tanto, podríamos determinar que la problemática está íntimamente relacionada con la superpoblación.

Intentando conciliar ambas posturas están quienes creen que una migración sostenible es posible, todo depende de cómo se gestione. Precisamente hay quien achaca el problema migratorio de países como Estados Unidos a la pésima administración del fenómeno. Por ejemplo, en el caso del corredor migratorio México—Estados Unidos, algunos estudiosos señalan que el Tratado de Libre Comercio de América del Norte (TLCAN, 1994), firmado por Estados Unidos, Canadá y México, permitió la libre circulación de capital y mercancías, pero no contempló la movilidad laboral, dando lugar a un flujo migratorio irregular.[10]

De esta manera, se piensa que el fracaso de las normativas de los países desarrollados en distintos sentidos ha tenido un inevitable efecto en los flujos migratorios. Desde principios del siglo XIX, el ideal de muchos de los países latinoamericanos fue alcanzar una democracia moderna y un desarrollo estable a imagen y semejanza de otros países desarrollados. No obstante, según señala el investigador López Recinos, en el caso de un país como Honduras, por ejemplo, la dependencia económica y la subordinación política a Estados Unidos, entre otros factores como la acumulación de la riqueza y el poder político en pequeñas élites y la inseguridad y vulnerabilidad de la sociedad, impidió el progreso de la nación. Muchos países latinoamericanos sienten que el fracaso del modelo de comercio neoliberal que comenzó a implantarse en los años 90, que orientaba los beneficios al mercado internacional, ha impedido que se genere desarrollo en sus naciones y les ha hecho depender cada vez más de las remesas de dinero que les reporta la mano de obra expulsada.[11]

A pesar de todo, hay instituciones como la Organización Internacional para los Migrantes (OIM) que piensan que "una inmigración encauzada y gestionada eficazmente por los encargados de la formulación de políticas puede contribuir al desarrollo".[12] Los efectos positivos de esta dependerán de factores como el tipo de movimiento (permanente o temporal), la situación de los migrantes (regular o irregular), la protección de los derechos, la planificación de las corrientes migratorias, el carácter reducido o masivo de los desplazamientos y las características socioeconómicas de los migrantes; y es aquí donde entran en juego las políticas migratorias de los países de origen y destino de los migrantes.

Resulta igualmente interesante considerar el fenómeno migratorio desde el prisma de los países emisores de migrantes, aunque este punto de vista se aborda con menor asiduidad. En este sentido, se han reconocido en el fenómeno migratorio efectos tanto positivos como negativos. Si nos centramos en el caso latinoamericano, se sostiene que la emigración de parte de la población permite, en algunos casos, reducir la cantidad de mano de obra redundante y facilitar el trabajo de los servicios sociales, que a menudo se ven saturados. Asimismo, la emigración contribuye a la formación y cualificación del emigrante en el extranjero, con el consiguiente beneficio para el país emisor en caso de que este decida volver. No son menos importantes las remesas de dinero que reciben los familiares que permanecen en el país de origen, consideradas, a la par, beneficiosas para el crecimiento y el desarrollo, y perjudiciales por afianzar la dependencia económica entre países.[13]

Los expertos coinciden, además, en que uno de los principales efectos negativos de la emigración es la pérdida de capital humano, sobre todo con alta formación. Esta "fuga de cerebros" no es un fenómeno exclusivo del ámbito latinoamericano. En un país como España, se estima que en los últimos años medio millón de personas cualificadas han emigrado en busca de oportunidades laborales. Entre ellos están algunos de los graduados más brillantes, que se han formado en la universidad española y cuyo talento "se deja escapar". Según algunas estimaciones, casi el 30% de los Premios Nacionales de Fin de Carrera, que premian a los jóvenes con trayectorias académicas excepcionales, acaba trabajando fuera del país.[14]

Los puntos de vista y los argumentos enumerados podrían ser muchos más, lo cual no hace sino constatar que el fenómeno migratorio es, en definitiva, uno de los más complejos y controvertidos del panorama político a nivel mundial. Sus causas, efectos y consecuencias son ampliamente debatidos y tratados desde perspectivas muy distintas: la multitud de condicionantes que pueden darse hace necesario acercarse al fenómeno no solo a nivel global, sino también desde un plano microscópico. Sea como sea el análisis que se lleve a cabo, lo que queda absolutamente fuera de duda es que, mientras siga habiendo desigualdades, el debate migratorio estará en primera línea.

Notas

1. Segunda acepción de la definición de migración en el *Diccionario de la lengua española* de la Real Academia Española.
2. "Hay que legalizar la inmigración y abrir las fronteras", *Clarín*, 11 de mayo de 2015.
3. Nacho Catalán y Naiara Galarraga Gortázar, "Cifras y gráficos para entender la crisis migratoria en Europa", *El País*, 24 de septiembre de 2015.
4. Lys Arango, "¿Debería Europa abrir sus fronteras o reforzarlas?" *ABC Internacional*, última actualización el 18 de mayo de 2015.
5. P. G. Saavedra, "La ONU urge a Europa a abrir las fronteras a inmigrantes económicos", *Gaceta*, 23 de julio de 2016.
6. Matern Boeselager, "An Expert Lays Out the Case for Europe Opening Its Borders to Migrants", *VICE*, 29 de abril de 2015.
7. Javier Hernando, "7 razones económicas para abrir todas las fronteras europeas a África (y al mundo)", United Explanation, 17 de julio de 2015.
8. ""Ley migratoria, gracias a Bush", Obama lo reconoce", *Excelsior*, 25 de abril de 2013.
9. Albert A. Bartlett, "Thoughts on Immigration into the US", Negative Population Growth, Forum Paper, diciembre de 2007.
10. Genoveva Roldán, "Migración México-Estados Unidos: paradoja liberal renovada del TLCAN", *Revista Problemas del Desarrollo* 46, no. 181 (abril–junio 2015): 101–25.
11. Vladimir López Recinos, "Desarrollo, migración y seguridad. El caso de la migración hondureña hacia Estados Unidos", *Migración y desarrollo* 11, no. 1 (2013).
12. Organización Internacional para las Migraciones, "Informe sobre las migraciones en el mundo. El bienestar de los migrantes y el desarrollo", (2013): 34–35.

13. Anabel Cruz Sánchez-Toledo, "Migración y desarrollo. El caso de América Latina", *Contribuciones a las Ciencias Sociales*, noviembre de 2009.

14. Daniel Sánchez Caballero, "España les da el Premio Nacional Fin de Carrera y el extranjero los ficha", *eldiario.es*, 15 de enero de 2016.

Comprensión de la lectura

Tomando como base la información presentada en el texto, indique si las siguientes declaraciones son ciertas o falsas. Luego modifique el contenido incorrecto para convertirlas en enunciados acertados.

1. De acuerdo con el texto, el tema de la migración y su problemática ha tenido vigencia a nivel global primordialmente a partir de la Primera Guerra Mundial.
2. El artículo sostiene que es posible para la mayoría de los inmigrantes integrarse del todo a la sociedad del nuevo país en el que se encuentran.
3. En su enfoque presentado, la autora determina que en los grupos migratorios modernos ya no persiste la idea de colectividad sostenida por la solidaridad entre sus participantes.
4. Gemenne considera que para legalizar la inmigración es imperativo y urgente evitar la llegada masiva y el libre tránsito de inmigrantes en la Unión Europea.
5. Por su parte, Michael Clemens sugiere que en caso de darse una apertura de fronteras, esta produciría un alto incremento en la producción de bienes y servicios a nivel mundial.
6. El tema de la inmigración es menos controversial en Estados Unidos que en otros países gracias a la antigua tradición de leyes y propuestas migratorias liberales.
7. En el texto se indica que aquellos que apoyan el cierre de fronteras tienen como enfoque principal evitar el crecimiento del multilingüismo y la diversidad cultural en sus naciones.
8. La autora opina que el Tratado de Libre Comercio de América del Norte, en su momento de creación, promovió el crecimiento económico de sus participantes teniendo como prioridad el movimiento migratorio que el mismo generaría.
9. Las políticas anti-inmigratorias de Estados Unidos en las últimas décadas han sido exitosamente acogidas y copiadas en los países menos desarrollados del hemisferio americano.
10. El artículo no cuestiona el valor de la contribución de los inmigrantes en la Unión Europea y en la sociedad estadounidense.

Dominio del vocabulario

Vocabulario activo de colocaciones	
Inmigración y patria	**General**
1. adaptarse a una nueva cultura	1. a nivel global
2. adoptar nuevos valores	2. a un alto costo
3. cruzar la frontera	3. aprobar una ley/reforma
4. el desplazamiento demográfico	4. las cifras hablan por sí solas
5. los derechos humanos	5. cuestionar algo en la corte
6. desarrollar/sostener un vínculo	6. levantar sospecha(s)
7. la diversidad cultural	7. la medida proteccionista
8. los extranjeros legales/ilegales	8. la opinión pública
9. manejar el influjo	9. la política actual
10. el movimiento poblacional	10. poner en práctica
11. obtener la ciudadanía	11. probar suerte en/con
12. preservar valores fundamentales	12. prohibir una práctica
13. resistir la asimilación	13. promulgar una ley
14. restringir/limitar la inmigración	14. proveer/dar una oportunidad
15. verificar documentos	15. el tema controversial

Expansión del vocabulario

A. Complete los mapas conceptuales que comenzó en la sección de prelectura usando el vocabulario activo y las colocaciones del cuadro anterior. Para hacer esto, puede necesitar expandir sus mapas conceptuales agregando nuevas cajas y conexiones.

B. En el sitio web *Corpus del español* (https://www.corpusdelespanol.org/web-dial/) se encuentran las colocaciones más frecuentemente asociadas con las palabras que se interesen. Para buscarlas, utilice el enlace anterior y haga clic haga clic en *Browse*. Habrá un cambio de página y en la casilla en blanco, a la derecha de *Word form*, escriba cada palabra de la lista. Haga clic en *Find words* y complete la siguiente tabla usando colocaciones asociadas con cada palabra de la columna izquierda.

Fenómeno migratorio	Colocaciones correspondientes		
1. Inmigración	a. ilegal	b. política	c. masiva
2. Ciudadanía			
3. Demografía			
4. Liberal			
5. Diversidad			
6. Legislación			
7. Frontera			
8. Cultura			
9. Asimilación			
10. Oportunidad			

C. Elija cinco colocaciones de la actividad anterior relacionadas con la política exterior. Escriba una oración para cada colocación que apoye o condene uno de los asuntos que se describen en el artículo, tales como la libertad de tránsito de las personas o la situación humanitaria.

1. ______________________________
2. ______________________________
3. ______________________________

4. ______________________________

5. ______________________________

D. Utilice el banco de palabras que se muestra a continuación y complete los espacios en blanco en el párrafo sobre una propuesta legislativa enfocada en la inmigración ilegal en Estados Unidos. No todas las palabras o combinación de palabras serán usadas.

Banco de palabras		
inmigrantes indocumentados	opinión pública	raza
diversidad	oportunidad	fronteras
sospecha	precio	residencia permanente
promulgación	censo	
	ley	

La ley DREAM (conocida por sus siglas en inglés para *Development, Relief and Education for Alien Minors*) es una propuesta legislativa en el gobierno de los Estados Unidos que apunta a la concesión de residencia para aquellos (1) ______ de buen carácter moral que hayan completado sus estudios en las escuelas secundarias en ese país, luego de haber cruzado las (2) ______ de los Estados Unidos como menores de edad y que hayan vivido en el país de manera continua por un mínimo de cinco años antes de la (3) ______ de dicha ley. Aquellos que reúnan estas condiciones pueden someter su solicitud ante las oficinas correspondientes. De ser aprobada, el individuo entonces podrá optar a una de las siguientes opciones: a) matricularse en una institución de educación superior con el fin de obtener un título universitario, o b) alistarse en una de las ramas del servicio militar de los Estados Unidos. Una vez tomada la decisión, la persona tendrá que completar por lo menos dos años de estudios universitarios o de servicio militar en los siguientes seis años a partir del momento en que se le concede la (4) ______ condicionada. Al final del período condicional de seis años y después que se hayan reunido todas las condiciones establecidas, el individuo podrá obtener la residencia permanente, la cual le proporcionará la (5) ______ de convertirse en ciudadanos de los Estados Unidos y contribuir a la (6) ______ cultural del país. De ser aprobada esta (7) ______ por el Congreso, se beneficiarían millones de inmigrantes ilegales menores de 35 años. En relación a esta propuesta, la (8) ______ mantiene que la misma despierta la (9) ______ de que se genere un vacío legal potencial para que los criminales –en particular los miembros de las pandillas- se legalicen en los Estados Unidos. Como tal, esta propuesta de ley se presenta como una amenaza que podría tener un alto (10) ______ para la sociedad.

E. Converse con un/a compañero/a sobre su opinión ante la propuesta de ley DREAM, presentada en la actividad anterior. Razone su respuesta.

F. Estudie la **Nota lingüística 2** sobre las definiciones y los ejemplos de los verbos "adaptar" y "adoptar", los cuales se prestan fácilmente para confusiones (extraído del Diccionario de la Real Academia/traducido del diccionario Collins).

Nota lingüística 2	
Adaptar/adaptarse	**Adoptar**
Definición 1: Acomodar, ajustar algo a otra cosa. **Ejemplo**: El mundo será diferente en el futuro y debemos estar preparados para adaptarnos al cambio. **Sinónimo**: ajustar	**Definición 1**: Hacer propio los pareceres, métodos, ideologías, etc., creados por otros **Ejemplo**: Los estudiantes aprenden a adoptar una actitud positiva en relación con el nuevo ambiente. **Sinónimo**: aceptar
Definición 2: Hacer que un objeto o mecanismo desempeñe funciones distintas de aquellas para las que fue construido. **Ejemplo**: He adaptado el local como sala de fiestas. **Sinónimo**: modificar	**Definición 2**: Adquirir, recibir una configuración determinada. **Ejemplo**: El camaleón adopta el color de su entorno. **Sinónimo**: acoger
Contraste: En algunos casos, para *adaptarse* a un nuevo ambiente, una persona debe adoptar nuevos valores, normas y comportamientos. El camaleón se adapta al entorno adoptando el color de lo que le rodea.	

G. Basado en lo que ha aprendido de la **Nota lingüística 2**, subraye la variante correcta en cada oración.

1. Después de que la familia se mudó al campo, le tomó un tiempo para (adaptarse/adoptarse) a las condiciones locales.
2. (Adaptar/Adoptar) nuevas tecnologías genera un desafío para las instituciones conservadoras porque dichas tecnologías deben primero ser (adaptadas/adoptadas) a las prácticas modernas.

3. Durante una guerra civil, los refugiados, por lo general son (adaptados/adoptados) por un país, al que en muchos casos les es difícil (adaptarse/adoptar).
4. (Adaptarse/adoptarse) a las condiciones de vida de otro país puede requerir paciencia y tiempo.

Exploración del significado

A. Parafrasee las siguientes oraciones cambiando las palabras en cursiva por colocaciones apropiadas (se puede usar ejemplos de las tablas anteriores).

Ejemplo: Ana María no quería *dejar sus costumbres* mexicanas para encajar mejor entre sus amigos.
Ana María ***resistió la asimilación*** porque quería conservar su herencia mexicana.

1. Se presentó la ley de reforma al Presidente de la República para que él la pudiera *presentar* en el plazo de 15 días.
2. El antídoto contra *los aranceles y otros impuestos* en el mundo han sido los acuerdos de libre comercio.

   ____
3. Cada año, más *extranjeros ilegales* cruzan las fronteras.

   ____
4. No se ha analizado completamente el impacto *de los asuntos relacionados con la población* sobre el crecimiento económico.

   ____
5. El descubrimiento de un túnel fronterizo *hizo pensar un acuerdo* entre autoridades y coyotes.

   ____
6. La política de inmigración ha sido y sigue siendo *algo en lo que es difícil de estar de acuerdo* en los Estados Unidos.

   ____

B. Use los elementos de vocabulario activo y cualquier colocación que pueda ser útil para enumerar cinco aspectos que presenten los beneficios de la inmigración, así como las respuestas del gobierno a la inmigración (responsabilidades y servicios que debería implementar).

Beneficios de la inmigración	Respuestas del gobierno
•	•

Beneficios de la inmigración	Respuestas del gobierno
•	•
•	•
•	•
•	•

C. Con un/a compañero/a, elija una de las dos situaciones siguientes y represente una posible entrevista usando las colocaciones que ha escrito anteriormente.

Rol 1: Un inmigrante que se convirtió en un famoso empresario da una entrevista a un canal de televisión local sobre la historia de su vida.

Rol 2: Un candidato presidencial responde a las preguntas de un periodista local sobre su postura sobre la inmigración.

Comentando el artículo

Con un/a compañero/a, conteste las siguientes preguntas, usando el banco de palabras y las colocaciones de las secciones anteriores.

1. ¿Qué efecto tiene la inmigración en su país de origen? ¿Por qué la inmigración es un tema relevante, independientemente de dónde viva?
2. ¿Qué variables influyen en los patrones de migración? ¿Pueden ser históricas?, ¿geográficas?, ¿políticas? y ¿económicas? ¿Podría fundamentar su razonamiento con un ejemplo?
3. ¿Por qué la investigación relacionada con la inmigración en los Estados Unidos se enfoca tan frecuentemente en los inmigrantes hispanos? ¿Se puede aplicar la investigación sobre inmigrantes hispanos a inmigrantes no hispanos? ¿Por qué o por qué no?
4. ¿Qué países se perciben típicamente como productores de las mentes más "educadas" y por qué? ¿Cómo está cambiando esa percepción?
5. ¿Por qué la inmigración es un tema tan controvertido en los Estados Unidos?
6. ¿Es el sentimiento antiinmigración una justificación suficiente para la política anti inmigratoria? ¿Por qué o por qué no?
7. La normativa con respecto a los inmigrantes en los Estados Unidos varía de estado a estado. ¿Cómo puede influir este enfoque inconsistente de la inmigración en el lugar donde los inmigrantes eligen establecerse? ¿Se puede encontrar esta situación en otros países? ¿Por qué o por qué no?

Construcción del discurso crítico

Reconocer los prejuicios y sesgos

El prejuicio es la tendencia de formular opiniones negativas o inmotivadas de un cierto grupo. Las consignas siguientes han sido proclamadas en varias manifestaciones a través de los Estados Unidos. Decida si las consignas están a favor o en contra de la inmigración. ¿Qué ha causado el prejuicio? Cambie las siguientes declaraciones para hacerlas menos prejuiciadas y más neutrales.

1. Somos trabajadores, no somos delincuentes.
2. Son los imperialistas racistas quienes demarcan las fronteras.
3. Los ilegales no tienen derechos, ellos son delincuentes.
4. El gobierno promueve el odio hacia los latinos.
5. Si no hay fronteras, no hay países.

Formación de hipótesis

A. Estudie el siguiente caso para determinar la normativa estadounidense hacia la doble nacionalidad y cómo este procedimiento puede compararse con el de otros países.

> En la sociedad global que existe hoy en día ha crecido la tendencia de la doble nacionalidad. Los requisitos necesarios para ello incluyen, entre otros, que uno de los padres sea ciudadano de otro país, haber nacido en otro país o casarse con alguien que sea ciudadano/a de otro país. Algunas naciones como China, Dinamarca o Malasia requieren que un/a ciudadano/a renuncie voluntariamente a su ciudadanía original al solicitar otra, pero otros países tales como Estados Unidos permiten la doble nacionalidad. En el siglo XVIII, un presidente de la Corte Suprema o Tribunal Supremo de los Estados Unidos ordenó que, aunque el derecho a la ciudadanía bajo dos gobiernos sea constitucional, uno tiene que simbólicamente renunciar a toda lealtad previa al país de origen como parte de la ceremonia de naturalización estadounidense.

B. Con el modelo de formular hipótesis ya estudiado, responda a esta pregunta: ¿Cuál es su opinión con respecto a la doble nacionalidad? A continuación, converse con su grupo/compañero(a) e intercambien ideas sobre lo siguiente:

1. Si se permite la doble nacionalidad en su país, especule sobre cómo hubiera sido diferente el entorno social del mismo si la doble nacionalidad hubiera sido prohibida durante la década anterior.
2. Si se prohíbe la doble nacionalidad o está explícitamente disuadida, especule cómo sería diferente el entorno social de su país si la doble nacionalidad hubiera sido permitida durante la década anterior.

Practicar el debate

Elija uno de los siguientes personajes y desempeñe el papel de ese personaje usando al menos 10 palabras de vocabulario activo por escena.

Situación: Los miembros de la legislatura estatal de un estado fronterizo discuten la adopción de una ley. La ley propuesta permitirá a las autoridades perseguir a los individuos indocumentados que parezcan sospechosos con el propósito de pedirles, en cualquier momento, su documentación.

Personaje A: Diputado que es inmigrante documentado/a y ha vivido y trabajado en ese estado fronterizo por más de 20 años.

Personaje B: Abogado defensor de inmigrantes indocumentados que conoce las dificultades de sus países de origen y trabaja para una ONG de apoyo a las familias migrantes.

Personaje C: Representante del estado que apoya el seguimiento de los inmigrantes indocumentados mediante verificaciones hechas aleatoriamente.

Personaje D: Agente de la patrulla fronteriza que esté autorizado para inspeccionar documentos de personas sospechosas, si se aprueba la legislación, pero ya tiene mucho trabajo con sus otras obligaciones para mantener el orden público y asegurar que se cumpla la ley.

Comprensión auditiva

Preparación

Antes de escuchar el archivo de audio, complete la siguiente tabla con predicciones sobre los argumentos que crea que va a escuchar.

La preservación cultural es más importante que fomentar la diversidad a través de la inmigración.	Fomentar la diversidad a través de la inmigración es más importante que la preservación cultural.
•	•
•	•
•	•
•	•
•	•
•	•

Mientras se escucha

A. Atienda a la comprensión general: Escuche el archivo de audio 4.2 y ponga una marca junto a los argumentos que aparecen en la tabla del ejercicio anterior para, a continuación, añadir los argumentos adicionales que faltaban en su tabla.

B. Preste atención a los detalles específicos: Escuche de nuevo el archivo de audio y clasifique los argumentos que enumeró en la tabla anterior como fuertes o débiles. Proponga, seguidamente, formas de mejorar o fortalecer los argumentos que etiquetó como "débiles".

Después de escuchar

A. ¿De qué lado cree que se presenta un argumento más persuasivo? Apoye su opinión citando el argumento más fuerte que se presente.

B. En cada debate, alguien tiene la última palabra. Prediga la respuesta del lado opuesto ante el último argumento escuchado.

Construyendo el argumento: el proceso escrito

La escritura en párrafos

La regla básica para escribir párrafos es limitar cada párrafo a una idea principal respaldada por otras que aporten evidencia. De esta manera, al presentar una idea por párrafo, el documento mostrará unidad y cohesión.

El siguiente párrafo presenta unidad y cohesión. Observe cómo las palabras y frases en negrita (los conectores) guían al lector y muestran la conexión entre las ideas.

> Si hay un debate que ahora mismo está abierto y ante el cual nadie carece de opinión es el de la inmigración. Los defensores de políticas de inmigración más estrictas han argumentado que los inmigrantes son una carga para la economía de los países receptores **porque** reciben más servicios sociales de los que contribuyen. **Por otra parte**, hay evidencia que muestra cómo los inmigrantes pueden aportar al país más de lo que utilizan. **Primeramente**, los inmigrantes pagan millones en impuestos anualmente recibiendo una cantidad considerablemente menor en asistencia social. **En segundo lugar**, los estudios indican que los inmigrantes a menudo contribuyen grandemente a la economía local pues, **por ejemplo**, pueden llegar a constituir una parte importante de la fuerza laboral **ya que** ellos toman los trabajos que los locales desdeñan. **De esta forma**, se construye toda una comunidad de inmigrantes que llevan a cabo trabajos complicados y en ambientes y entornos muy complejos. **Sin embargo**, no podemos pasar por alto que la llegada de inmigrantes también puede tener efectos contraproducentes sobre la economía.

En contraste con el anterior, las oraciones en el siguiente párrafo, aunque están relacionadas entre sí, recogen ideas sueltas y presentan cadenas de oraciones sin gran cohesión interna. ¿Cómo se podrían mejorar?

> El tema de la inmigración es muy importante en muchos países. Estados Unidos, México o España son algunos de ellos. La gente emigra por muchas razones y algunos inmigrantes contribuyen enormemente a sus nuevos países. Sin embargo, los costos de la inmigración ilegal son enormes. Hay sectores que ven con desdén la inmigración. Este rechazo se basa en prejuicios que carecen de base real. Lo han demostrado varios estudios.

Una característica importante de los párrafos es que la oración principal (o temática) aparece al comienzo (o cerca del comienzo) de un párrafo e introduce la idea principal seguida de detalles de apoyo. Por ejemplo, en el párrafo modelo anteriormente mencionado comienza con " Si hay un debate que ahora mismo está abierto... ", seguido de la oración que recoge la idea principal del tema: "Los defensores de políticas de inmigración".

A. En los siguientes párrafos falta una oración temática. Lea cada uno de ellos y redacte la oración principal que mejor encaje.

Párrafo 1:
Dania es un ejemplo de esos inmigrantes que viven de forma irregular en España durante años, invisibles ante las estadísticas, los servicios públicos y las autoridades. El último informe oficial sobre los CIE (Centro de Internamiento de Extranjeros) reveló que de los 7.597 inmigrantes que fueron internados en estos centros en un año solo se devolvió a un 21%. El resto quedó libre con el episodio estampado en su ficha policial. No existe una solución definitiva para esas personas, solo dejarlas en un limbo jurídico. Hace falta una alternativa de expulsión, regularización o, al menos, como dicta la Directiva de retorno de la Unión Europea, ofrecer unas garantías mínimas para que vivan con dignidad. Pero los que se quedan viven sin derechos, no tienen servicios médicos y no pueden trabajar. Es la historia de empleadas del hogar, pero también de manteros, jornaleros y peones de obra.

Fuente: https://elpais.com/politica/2018/03/23/actualidad/1521800122_036635.html

Párrafo 2:
Según los últimos datos publicados por la ONU, en Colombia se reciben 142.319 inmigrantes, lo que supone un 0,29% de la población de Colombia. La inmigración masculina es superior a la femenina, con 75.805 hombres, lo que supone el 53.26% del total, frente a los 66.514 de inmigrantes mujeres, que son el 46.73%. Si miramos el ranking de inmigración, vemos que es el 184º país del mundo por porcentaje de inmigración. Los principales países de procedencia de la inmigración en Colombia son Venezuela, el 35,50%, Estados Unidos, el 14,35% y Ecuador, el 10,84%.

Fuente: https://datosmacro.expansion.com/demografia/migracion/inmigracion/colombia

B. Lea el siguiente párrafo y elimine las oraciones innecesarias:

Son muchos los bulos y medias verdades que pretenden que cale la idea de que tanto los extranjeros residentes en España como los que entran de forma ilegal reciben todo tipo de prestaciones sociales. Cada una de las ayudas sociales tiene unos requisitos particulares, pero la condición de extranjero en ningún caso supone ventaja o incremento de las posibilidades para acceder a los servicios públicos. Las ayudas se otorgan en función de la situación socioeconómica personal o familiar de las personas, con independencia de su nacionalidad. En cualquier caso y pese a su especial situación de vulnerabilidad social y tasa de pobreza -en España, el 23,4% de los españoles está en riesgo de pobreza o exclusión social frente al 58,7% de la población extranjera de fuera de la UE-, según las últimas estadísticas consultadas, solo el 15,17% de los usuarios de los servicios sociales fueron extranjeros y sólo el 9,7% de los beneficiarios de prestaciones por desempleo son extranjeros. En cuanto al supuesto abuso de beneficios sanitarios y pese a que sus condiciones de vida son más precarias, los extranjeros acuden menos a las consultas médicas que los españoles. En el último mes, lo hicieron el 36,1% de los españoles, frente al 31,3% de los extranjeros en España, según los datos de la Encuesta Nacional de Salud. También visitan menos veces de media al médico de cabecera y al especialista. En el caso de las urgencias, asisten en la misma proporción que los españoles, y ello pese a que en el momento en que se recopilaron los últimos datos era casi la única vía por la que los irregulares podían acceder al sistema de salud.

Fuente: https://newtral.es/actualidad/datos-que-ayudas-reciben-los-inmigrantes-en-espana/

C. Después de repasar los conectores que aparecen en esta **Nota lingüística**, lea el siguiente ensayo y (1) resalte o subraye la oración temática en cada párrafo del cuerpo del ensayo y (2) encierre en un círculo los conectores que aparecen.

Nota lingüística 3

Los **conectores** ayudan al lector a seguir las ideas expresadas de oración en oración y de párrafo en párrafo. A continuación, se presentan algunos conectores útiles para expresar:

- **ejemplo:** por ejemplo, como ejemplo, en particular, para ilustrar, concretamente.
- **causa y efecto:** como resultado, en consecuencia, por lo tanto, así, por lo tanto, en consecuencia, por esta razón.
- **comparación:** de la misma manera, del mismo modo, en la misma línea, en comparación, así como, también.
- **contraste:** por el contrario, pero, a pesar de ello, a pesar de, en cambio, más bien, en cambio, en lugar de, al mismo tiempo, aún, mientras, mientras tanto.
- **enumeración:** además, igualmente importante, entre otras cosas, asimismo, conjuntamente, también.
- **resumen:** en resumen, en síntesis, en suma, en general, resumiendo, en pocas palabras, recapitulando.
- **conclusión:** finalmente, para concluir, en definitiva, en conclusión.

La deportación masiva: una medida deshumanizada e inmoral (ensayo do opinión)

Lourdes Sabé, España

En griego antiguo la palabra que se usa para designar al huésped, al invitado, y la palabra que se usa para designar al extranjero, son el mismo término: xénos.

Francis George Steiner. Ensayista, catedrático y crítico literario francés.

Entendemos por deportar forzar a alguien a dejar un país, en especial, a alguien que no tiene derecho legal a estar en el lugar o que ha infringido la ley. Pero, ¿qué circunstancias determinan el derecho a permanecer en un lugar? ¿A quién se deporta y por qué? ¿Cuál es el impacto de la deportación en los expatriados, en las comunidades anfitrionas y las de origen? Otra acepción de deportar con tono punitivo se define como castigar a alguien enviándolo a otro lugar. Pues bien, en este análisis ensayístico se pondrá en evidencia la deshumanización de este castigo legal que proviene de considerar la falta de documentación como un delito que debe pagarse con la expulsión y el desarraigo, abogando por razones éticas y humanas que rijan esta medida despiadada, con demasiada frecuencia, dirigida hacia el pobre y el vulnerable.

Para empezar, propongo una mirada a la Unión Europea y a EE.UU., donde se producen deportaciones a gran escala. Es incuestionable que la UE es una agencia de deportación masiva de migrantes. Buena parte de sus miembros están endureciendo las leyes migratorias para facilitar la deportación, como ha hecho el Parlamento alemán con la aprobación de la detención de deportados y su reclusión en prisiones regulares como si de criminales se tratara. La eurodiputada Marina Albiol acusa a la UE de no centrarse en acoger a los inmigrantes sino en criminalizar a las ONG que salvan vidas en el Mediterráneo. Albiol denuncia que se viola el derecho internacional "sometiendo a un chantaje económico a terceros países", puesto que la UE los amenaza con retirar las ayudas de cooperación "si no admiten de vuelta a los migrantes".[1] Tal es el caso de Pakistán y Turquía, que hacen de policía de fronteras recibiendo migrantes y refugiados a cambio de compensación económica. En EE. UU., por su parte, a las crecientes cifras de ICE en cuestión de deportaciones hay que añadir medidas desproporcionadas como la restricción de la elegibilidad de la solicitud de asilo y la separación de familias en la frontera. No hay que olvidar que bajo la custodia de las patrullas fronterizas se han producido trágicas muertes, incluso de niños, por falta de atención médica o por las condiciones paupérrimas en las que se encuentran en algunos centros de detención. Como consecuencia a esta política, el gobierno mexicano, presionado por Washington, ha intensificado su régimen de detención y deportación de centroamericanos, devolviéndolos a las circunstancias y peligros de los que se vieron obligados a huir.

Pero, ¿quiénes son estos migrantes? Entre los que se ven obligados a desplazarse mundialmente hay un volumen elevado de niños y familias que escapan de zonas golpeadas por desastres naturales, guerras o la violación sistemática de los derechos humanos en sus lugares de origen. Según la agencia AGNUR, los desplazamientos forzados en el mundo siguen una tendencia en aumento.[2] No estamos hablando de delincuentes, criminales o terroristas sino de individuos en situaciones vulnerables y desesperadas. En una entrevista con The Washington Post, la directora legal adjunta del Southern Poverty Law Center, Mary Bauer, examina la política de deportación masiva en los Estados Unidos, y considera espantoso y moralmente inconcebible deportar a gente sin un sentido de cuáles son las prioridades. Bauer asegura que antes se buscaba a aquellos que habían cometido serios crímenes, pero actualmente los oficiales de inmigración "buscan a todos", creando en las comunidades de inmigrantes una sociedad aterrorizada. Bauer aseguró que "el tipo de violaciones criminales que manda a la gente a la máquina de deportaciones [...] son, en gran número, infracciones leves de tráfico".[3] Asimismo, el programa Comunidades Seguras reactivado por el presidente Trump en los Estados Unidos siguió en la línea de la "máquina de deportaciones".[4] Este modelo se basaba en la colaboración del gobierno federal con autoridades locales y estatales para identificar inmigrantes sin papeles y proceder a su salida inmediata del país, o bien, al comienzo de un procedimiento de deportación. Estas redadas produjeron cifras elevadas de deportaciones de inmigrantes sin antecedentes criminales, cuya única falta era encontrarse indocumentados. Comunidades Seguras sembró el pánico en la sociedad, provocando que municipios, ciudades e incluso estados tomasen cartas en el asunto defendiendo a sus residentes amenazados con ejemplos de eso a diario. Uno de ellos fue el caso del arresto de 36 individuos en el estado de Connecticut, cuyo crimen fue manifestarse en contra de la inminente deportación de Franklin y Gioconda Ramos, ecuatorianos sin expediente criminal que habían llegado al país hacía 24 años, y cuyos hijos eran ciudadanos americanos. El padre Beloin, uno de los arrestados, explicó que era moralmente espantoso que "estemos deportando a gente trabajadora que contribuye a nuestra sociedad".[5] Estas son consecuencias que la deportación indiscriminada, enfrentamientos entre ciudadanos y organizaciones comunitarias contra agencias del Departamento de Seguridad Nacional. Debido a estas alarmantes cifras, el obispo de Austin, Joe Vásquez, y el cardenal arzobispo de Newark, Joseph Tobin, entre otros, exigieron a la administración de Trump que dejara de infligir crueldad en gente inocente mediante redadas que tampoco disuadían la migración irregular. Es lógico que para encontrar un antídoto disuasorio hay que analizar las causas de las oleadas migratorias en las zonas de procedencia y atacar el problema de raíz, en colaboración con los gobiernos de origen. Por ello, en una declaración conjunta, los obispos católicos de EE.UU. urgieron llevar a cabo una reforma de inmigración integral que diera respuesta a la situación de los 12 millones de indocumentados, poniendo el punto de mira en la realidad de las comunidades.[6]

Del mismo modo, las consecuencias de la deportación en las zonas de origen son tremendas. En El Salvador, por ejemplo, al desterrado retornado se le asocia con las pandillas y el crimen, y este estigma le impide reinsertarse en una sociedad que, en muchos casos, le resulta extraña, puesto que mantiene pocos o ningún lazo familiar o cultural con su país natal. Al impacto individual hay que añadir los efectos en la debilitada economía del país. En El Salvador las autoridades han llegado a considerar la retirada de la ciudadanía a los emigrantes, para así evitar que los salvadoreños sean deportados a su país.[7]

En conclusión, a pesar de que muchas sociedades están condenando con contundencia la deportación masiva por tratarse de una disposición deshumanizada e inmoral, la tendencia de un trato discriminatorio en estas situaciones hace que estemos perdiendo nuestra humanidad, sin valorar la valiosa contribución del inmigrante. Por supuesto, cada país tiene derecho a proteger sus fronteras y la seguridad nacional de un modo justo y proporcionado, pero como reconoce el artículo 1 de la Declaración Universal de los Derechos Humanos de 1948, todos los seres humanos nacen libres e iguales en derechos, por lo tanto, hay que tratar los grandes movimientos migratorios desde una perspectiva de respeto y dignidad. Como sociedad, debemos erradicar el discurso del menosprecio de la "aporofobia" o la fobia o desprecio al pobre. La filósofa Adela Cortina acuñó el término puntualizando que "Lo que molesta, primero de los inmigrantes, y luego de los refugiados, no es que sean extranjeros, sino que sean pobres".

Es incuestionable que la discriminación no debe tener cabida en las sociedades, especialmente las llamadas democráticas, y que debemos hacernos eco de las palabras de un secretario general de la ONU cuando afirmó que "La migración es un poderoso motor del crecimiento económico, el dinamismo y la comprensión". A fin de cuentas, ¿en qué clase de sociedad nos convertimos si perdemos nuestra conciencia o compasión por el pobre y el vulnerable?

Notas

1. Alejandro Torrús, "La Unión Europea, una agencia de deportación masiva de migrantes", *Público* (Madrid), 12 de julio de 2017, https://www.publico.es/internacional/union-europea-agencia-deportacion-masiva-migrantes.html.
2. Adrian Edwards, "Desplazamiento forzado alcanza el récord de 68,5 millones", ACNUR, 19 de junio de 2018, https://www.acnur.org/noticias/historia/2018/6/5b2922254/desplazamiento-forzado-alcanza-el-record-de-685-millones.html.
3. Lindsey Bever y Deanna Paul, "Deportations under Trump are on the rise but still lower than under Obama, ICE report shows", *Washington Post*, 14 de diciembre 2018, https://www.washingtonpost.com/nation/2018/12/14/deportations-under-trump-are-rise-still-lower-than-obamas-ice-report-shows/.
4. ¿Qué son las comunidades seguras? Immigration Facts and Resources, ThoughtCo.com.
5. Britton O'Daly, "Yale Affiliates Arrested", *Yale News*, 29 de septiembre de 2017, https://yaledailynews.com/blog/2017/09/29/yale-affiliates-arrested/.
6. Public affairs office of the United States Office of Catholic Bishops, "Chairman of U.S. Bishops' Committee on Migration Statement in Response to Imminent Administration Deportation Plans", 22 de julio de 2019.
7. "Amparo Marroquín Parducci", entrevista producida por Ecologies of Migrant Care, New York University, 25 de noviembre de 2016.

Redacción del ensayo de opinión

Escriba un ensayo persuasivo o de opinión sobre el tema de "conservación cultural o diversidad" o "inmigración y patria". Debe tener una extensión de cinco a seis párrafos e incluir colocaciones del vocabulario activo de este tema.

Construyendo el argumento: el proceso oral

Implementación de estrategias retóricas

A. Estudie la siguiente nota:

Nota de estrategia En los temas 1 a 3, se repasaron las primeras tres estrategias de debate: las preguntas de conjetura, las preguntas de definición y la táctica de causa-efecto.

En esta unidad, nos enfocaremos en la cuarta estrategia: las preguntas de valoración, que son las que establecen si algo es bueno o malo, bonito o feo, mejor o peor. A través de las preguntas de valoración se examina, concuerda o se desafían las cualidades de cierta idea o punto de vista. En este tema ya se ha leído y hablado de la inmigración desde una perspectiva de valores. Quienes incorporan esta estrategia suelen desarrollar una serie de criterios o puntos que apoyan los valores en cuestión. Por ejemplo, "la inmigración es beneficiosa porque permite que ocurra X, Y y Z, asuntos que todos reconocen ser positivos".

B. Repase el texto y resalte las palabras y frases que contengan aspectos que Ud. pueda usar para apoyar su argumento. Por ejemplo, si está defendiendo la opinión de que la inmigración mejora la sociedad o la nación, busque las palabras y expresiones que representen desarrollos positivos que hayan ocurrido gracias a la inmigración.

Haga una lista de las cinco palabras o frases con las definiciones que apoyen su argumento.

1. ______________________________
2. ______________________________
3. ______________________________
4. ______________________________
5. ______________________________

C. Durante el debate, Ud. puede usar estas declaraciones de valores para apoyar su argumento o para oponerse a la contraparte. Por ejemplo, Ud. podría hacer y contestar la siguiente pregunta: "¿Añaden los inmigrantes valor a la nación desde el punto de vista del desarrollo económico, la riqueza cultural y la unidad social?". Según las declaraciones de valoración que ha escrito anteriormente, escriba cinco oraciones o preguntas que Ud. pueda usar en el debate.

1. ______________________________
2. ______________________________
3. ______________________________
4. ______________________________
5. ______________________________

D. Al prepararse para el debate, Ud. puede predecir que la parte contraria va a usar declaraciones de valoración para apoyar su argumento. Usted puede oponerse a estas declaraciones remarcando las debilidades en las definiciones del oponente. Por ejemplo, es posible que la contraparte argumente que la inmigración no añade valor a la sociedad puesto que los inmigrantes no se adaptan adecuadamente a la nueva sociedad y suelen mantener tradiciones y prácticas ajenas. ¿Cuál sería su oposición a este argumento?

Repase el texto y haga una lista de cinco relaciones de valor que el oponente podría usar para apoyar su posición. A continuación, explique cómo respondería al oponerse a estas relaciones.

1. ______________________________
2. ______________________________
3. ______________________________
4. ______________________________
5. ______________________________

E. Repaso y aplicación de las estrategias del debate.

En los temas 1-3, repasamos las primeras tres estrategias de debate: las preguntas de conjetura, las preguntas de definición y la táctica de causa-efecto. En preparación para el debate, aplique estas estrategias para apoyar su argumento o refutar el argumento opuesto de la contraparte e incorpórelas durante el debate.

Cómo presentar el tema

Utilice las siguientes expresiones para establecer el nivel de importancia. Repase las expresiones e incorpórelas en la tarea escrita y oral.

1. X es un asunto importante porque...
2. Aunque X pueda parecer un asunto banal, se trata realmente de un aspecto crucial desde el punto de vista de las preocupaciones que existen hoy día sobre....
3. En definitiva, lo que aquí está en juego es...
4. Aunque X pueda parecer alarmante solo para un pequeño grupo de..., de hecho, debería preocupar a cualquiera que tenga...
5. Es esencial considerar todos los puntos de vista cuando se trata de....

Cómo responder a las preguntas

Suponga que se le hace una pregunta sobre X; habrá momentos, durante el debate, cuando tendrá que redirigir la pregunta. En caso de que surja tal situación, puede utilizar las siguientes expresiones:

- Creo que esta pregunta está más relacionada con el tema X, el cual lamentablemente no es mi área de especialización.
- X es un tema aparte y diferente a lo que se está discutiendo. Mi enfoque en este momento se centra solamente en Y.
- Para poder darle una respuesta, tendría que consultar Z.
- Este asunto es, sin duda, un tema interesante y complejo; para tratarlo se requeriría el aporte de diversos expertos.

Cómo defender el punto de vista

A. Presentación oral: Haga una presentación oral de 3-5 minutos defendiendo su posición sobre los temas. Después de practicar, grabe la presentación y escúchela. ¿Cuáles son las áreas débiles que necesita mejorar? Presente la exposición ante la clase.

B. A debatir: Ha llegado el momento del debate. Compendie todos los apuntes que apoyen sus argumentos, colocaciones de vocabulario activas y respuestas a los temas que se usarán durante el debate. ¡Ojo! Recuerde que estos apuntes sirven solo como referencia y no los puede leer directamente durante el debate.

Reflexión

Autoevaluación

A. Reflexione sobre este tema que se acaba de debatir. Para ello, puntúe de 1 a 6 cómo considera su nivel de preparación para el debate.

1. Estaba preparado/a para el debate.
2. Estaba motivado/a para debatir este tema.
3. Me esforcé mucho en prepararme para debatir este tema.

1	2	3	4	5	6
Totalmente de acuerdo	De acuerdo	Parcialmente de acuerdo	Parcialmente en desacuerdo	En desacuerdo	Totalmente en desacuerdo

B. Si la mayoría de sus respuestas están en el lado derecho de la escala, ¿qué puede hacer para desplazarse hacia el lado izquierdo? Si la mayoría de sus respuestas están en el lado izquierdo de la escala, ¿qué puede hacer para mantenerse allí?

Repaso de vocabulario

Identifique diez colocaciones que haya aprendido y utilizado, prestando especial atención a las de mayor frecuencia de uso en esta unidad de estudio.

1. ______________________________
2. ______________________________
3. ______________________________
4. ______________________________
5. ______________________________
6. ______________________________
7. ______________________________
8. ______________________________
9. ______________________________
10. ______________________________

TEMA 5

Seguridad nacional o libertad personal

Si vis pacem, para bellum

Related NCSSFL-ACTFL Can-Do Statement:
I can follow a discussion on the relationship between freedom and security.

Antes de la lectura

Presentación del tema

A. Con un/a compañero/a, discuta sus respuestas a las siguientes preguntas sobre las medidas de seguridad ante situaciones como el transporte público:

1. Describa el proceso de pasar por el control de seguridad en un aeropuerto o estación de tren. En caso de no haber experimentado este proceso personalmente, use esta imagen para hacer especulaciones.
2. ¿Qué cambios cree que deberían hacerse a la seguridad del transporte? ¿Cuáles serían los efectos positivos y negativos de estos cambios?
3. ¿Hasta qué punto están justificados los agentes de seguridad a invadir la privacidad personal para garantizar la seguridad general? Defienda su respuesta con detalle.

B. Estudie la **Nota lingüística** número 1 sobre el significado de los términos "seguridad" y "libertad" según la definición del *Diccionario de la lengua española*, así como algunas de sus acepciones y sinónimos. A continuación, explique si cree que estos conceptos son complementarios o contradictorios.

Nota lingüística 1	
Seguridad	**Libertad**
Cualidad de estar libre y exento de riesgo. • *La instalación de una alarma antirrobo trajo mucha seguridad a mis vecinos.*	Facultad natural que tiene el hombre de obrar de una manera o de otra, y de no obrar, por lo que es responsable de sus actos. • *Puedes hacer lo que quieras, tienes toda libertad.*
Cualidad de cierto e indubitable. • *Tiene mucha seguridad en lo que dice.*	Estado o condición de quien no está preso o no es esclavo. • *Se concedió la libertad a los esclavos y les invitó a unirse a la lucha anticolonialista.*
Certeza, garantía de que algo va a cumplirse. • *Tengo la seguridad de que mi hijo se va a sanar con este remedio.*	Falta de sujeción y subordinación. • *A los jóvenes los pierde la libertad.*
Que no falla o que ofrece confianza. • *Nos presentó un método seguro/de gran seguridad.*	En los sistemas democráticos, derecho de valor superior que asegura la libre determinación de las personas. • *Europa reconoció y apoyó la lucha por la libertad en los países árabes.*
Lugar o sitio libre de todo peligro. • *Es una zona segura/de alta seguridad.*	Licencia u osada familiaridad. • *Me tomo la libertad de escribir esta carta.*
Servicio encargado de la seguridad de una persona, de una empresa, de un edificio, etc. • *Si ves que hay algún problema, llama a seguridad.*	

Nota lingüística 1	
Seguridad	**Libertad**
De seguridad, loc. adj. [Mecanismo] que previene algún riesgo o asegura el buen funcionamiento de alguna cosa, precaviendo que falle. • *Por favor, no olviden ajustarse los cinturones de seguridad.* Sobre seguro, loc. adv. Sin aventurarse a ningún riesgo. • *El agente nunca se arriesgaba, siempre iba sobre seguro.*	En libertad (de una obligación), loc. verb. Eximido de esa obligación. • *Al poner fin al contrato del futbolista, este quedó en libertad de acción y busca nuevo club.* Libertad + de + sust. (cátedra, circulación, conciencia, culto, enseñanza, información, pensamiento, residencia) • *Amnistía Internacional seguirá trabajando para que la libertad de expresión sea un derecho sin ningún tipo de restricciones en Cuba.*

C. Busque información adicional para analizar el título del artículo *Si vis pacem, para bellum*. Es una máxima en latín que se ha traducido como "Si quieres paz, prepárate para la guerra". ¿De dónde proviene y cómo se relaciona con la seguridad?

D. Haga una lista de los problemas que podrían tratarse en este artículo basándose en su análisis del título.

1. ______________________________
2. ______________________________
3. ______________________________
4. ______________________________
5. ______________________________

Creación de mapas conceptuales (asociogramas)

A. Haga una lluvia de ideas con todas las palabras que conozca asociadas a los desafíos que un país podría afrontar en relación a la seguridad y la libertad personal. Organice sus ideas para crear dos mapas conceptuales separados según el patrón mostrado más abajo. Después de leer el artículo, podrá agregar más información, así que por ahora, se pueden dejar algunas casillas en blanco.

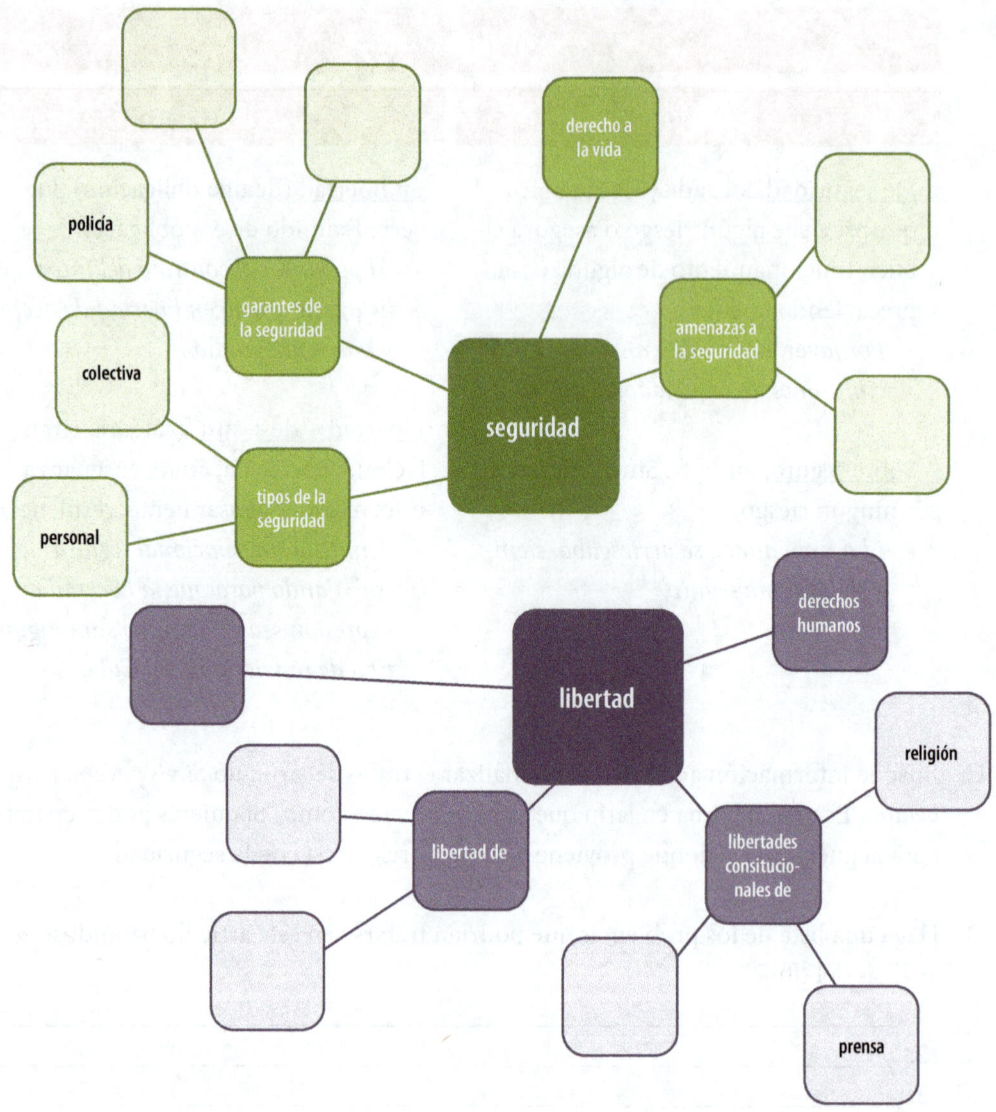

B. Compare sus asociogramas o mapas conceptuales con los de sus compañeros/as para generar ideas adicionales. Después de completar los dos mapas, decida qué áreas temáticas pueden ayudar a superar la brecha entre los dos mapas. En otras palabras, ¿qué temas relacionados con las esferas de responsabilidad pública y privada presentan aspectos en común?

C. Compare sus mapas con los de sus compañeros/as de clase para generar ideas adicionales. Después de completar los dos mapas, decida qué áreas temáticas pueden ayudar a cerrar la brecha entre los dos mapas.

Profundizando en las ideas y opiniones

A. Lea las dos citas siguientes. ¿Cuáles son las referencias a la libertad y a la seguridad en cada cita?

> Hoy en muchas partes se reclama mayor seguridad. Pero hasta que se reviertan la exclusión y la inequidad dentro de una sociedad y entre los distintos pueblos, será imposible erradicar la violencia. Se acusa de la violencia a los pobres y a los pueblos pobres pero, sin igualdad de oportunidades, las diversas formas de agresión y de guerra encontrarán un caldo de cultivo que tarde o temprano provocará su explosión.
>
> Papa Francisco I, Argentina

> Vamos a poner a disposición todos los recursos que sean necesarios para combatir sin ninguna contemplación y con toda la fuerza de la voluntad al narcotráfico, al terrorismo y a la delincuencia que tanto daño causa en nuestro país.
>
> Sebastián Piñera, Presidente de Chile

B. Haga una lista de todos los tipos de seguridad y libertad que conozca (puede buscar información adicional si prefiere).

Seguridad	Libertad
• Ejemplo: **seguridad laboral**- protecciones del trabajador durante su jornada laboral	• Ejemplo: **libertad académica/libertad de opinión** -tener la libertad de debatir y argumentar libremente.
•	•
•	•
•	•
•	•
•	•

C. Tomando en cuenta todas las clases de libertad y seguridad, explique el significado de la siguiente cita. ¿Está de acuerdo con la cita, o no? Explique la razón.

> Aquellos que pueden dejar la libertad esencial por obtener un poco de seguridad temporal, no merecen, ni libertad, ni seguridad.
>
> Benjamin Franklin, padre fundador de los EE.UU.

Estudiando el tema

Lectura enfocada

A. Según lea la lectura Si vis pacem, para bellum, haga una lista de los argumentos presentados por ambos lados del debate:

Limitar las libertades en aras de la seguridad	Defender las libertades a costa de la seguridad
•	•
•	•
•	•
•	•
•	•

B. Compare su dicción y compruebe la pronunciación de las palabras desconocidas del texto al escuchar la grabación del audio 5.1.

Si vis pacem, para bellum

Ursula Atisme, Argentina

"La libertad no tiene su valor en sí misma: hay que apreciarla por las cosas que con ella se consiguen"

Ramiro de Maeztu (1875-1936), escritor español.

Es cosa sabida que la paz tiene un precio cuyo importe se solventa de diferentes maneras. Idóneamente sería por la utilización de la palabra como arma de batalla, o mejor dicho como instrumento de diálogo que conduzca las naciones al consenso y que promueva la paz mundial. Sin embargo, cuando nos enfrentamos a terribles actos de terrorismo contra aviones, trenes, supermercados o paseos concurridos en los que viajan, compran o pasean centenares de inocentes, las palabras enmudecen ante sentimientos de impotencia y desolación.

La verdad es que no vivimos en un mundo idílico y los esfuerzos mancomunados por solventar la paz muchas veces fracasan. Es entonces cuando entra en juego una lucha que requiere la toma de medidas, en algunos casos drásticas, que mantengan segura la sociedad. Esta problemática puede abordarse desde diversos ángulos: a través de una intervención armada, o sea, una guerra como vehículo para mantener o alcanzar la paz; o a partir de la toma de medidas menos radicales pero que todavía tienen un impacto importante en la vida diaria, tales como el control de las zonas fronterizas y de la información personal. En una sociedad globalizada como en la que vivimos, donde las personas están en constante movimiento por un mar de razones -trabajo, estudio, recreación, asilo político, etc.-, las fronteras y el flujo de información se convierten en áreas de especial interés. ¿Cómo se hace para mantener la seguridad en un mundo donde los límites entre países, o aún continentes, parecen diluirse, pero todavía están presentes? ¿Dónde empiezan y dónde terminan las responsabilidades nacionales? ¿Hasta dónde tiene el estado el derecho de interferir en la vida privada de los ciudadanos en nombre de la paz?

En Latinoamérica, estos desafíos a la seguridad están relacionados principalmente con cuestiones internas como son la inestabilidad económica, con el sinfín de problemas que esto acarrea, y la debilidad institucional. El Secretario de Gobernación de México ha explicado en "El reto de la seguridad en Latinoamérica", que el incremento de la violencia en las últimas décadas en México es consecuencia de la corrupción institucional y de una débil cultura de la legalidad. Esto da lugar al desarrollo del narcotráfico y la delincuencia organizada, al florecimiento de las pandillas callejeras, y a la disponibilidad de armas de fuego, problemas que han sido identificados como focos productores de violencia. La falta de visión comunitaria, una alta tasa de desempleo y la aceptación de comportamientos que van en contra la ley son características de Latinoamérica.[1] Cuando nuevos cuerpos en necesidad imperante de refugio, trabajo y asistencia social se suman a estas sociedades en proceso de estabilización, lo más probable es que el ingreso de estos grupos migrantes contribuya al caos reinante. El dilema es: ¿qué es lo que debe hacerse frente a situaciones como esta? y ¿qué es lo que puede (realmente) hacerse?

El caso de Venezuela es un ejemplo que toca a Latinoamérica de cerca en cuanto a la necesidad de abrir las fronteras para dar asilo político. Las Naciones Unidas reportan los varios millones de personas que han dejado su Venezuela natal en busca de una tierra que ofrezca la posibilidad de una dieta saludable, buena asistencia médica y seguridad social entre otras cosas. "Millones de venezolanos han abandonado su país (...) Colombia es el país más afectado por este flujo, con más de 1,1 millones de refugiados y migrantes".[2] Voceros de la ONU explican que los venezolanos han cruzado la frontera huyendo de la hiperinflación, la escasez y la inestabilidad política, en busca de servicios básicos como salud, educación y trabajo. Venezuela requiere de la solidaridad mundial, pero especialmente hispanoamericana ya que el idioma es un obstáculo menos a resolver para los inmigrantes. Por otro lado, el problema que se plantean los países latinoamericanos es cómo ayudar a otros cuando ellos mismos están luchando por establecer las bases de su propia estabilidad social.

España, formando parte de los países desarrollados y como miembro de la Unión Europea, enfrenta los desafíos a la seguridad y libertad desde una dinámica diferente. Cuando en 1986 España fue aceptada como parte de la UE, entró en un sistema de "reconfiguración del régimen fronterizo comunitario, basado en la distinción entre fronteras interiores y exteriores. La consecuencia es que, mientras se establece la libertad de circulación para los ciudadanos comunitarios, se introducen medidas restrictivas para la movilidad en las fronteras exteriores, de las cuales España es uno de los países más representativos en el sur de Europa".[3] La desconfiguración de las fronteras interiores del continente, aunque muy conveniente para las finanzas y el turismo, dificulta el control de los grupos migrantes, brecha que los grupos terroristas han sabido utilizar eficazmente para llegar a áreas como Iraq o Siria, por ejemplo, y para establecerse dentro de la región.[4] Una vez que han conseguido cruzar las fronteras exteriores de la Unión, se sirven de internet, en especial de las redes sociales, para reclutar fuerzas e indoctrinar. Esto desemboca en que un gran número de los atentados terroristas llevados a cabo en España en lo que va del siglo XXI han sido perpetuados por individuos de origen islámico con ciudadanía o residencia legal en el país, de los cuales un gran porcentaje han nacido en territorio español. Estos sucesos han redirigido la atención de los líderes al análisis de las estrategias en ejecución para salvaguardar la seguridad en relación con las fronteras y las migraciones internacionales. Como resultado se han implementado nuevas medidas de control y criminalización que apuntan a reforzar las fronteras exteriores a través de herramientas tecnológicas para detectar irregularidades y, muy especialmente, controlando la información personal de los migrantes tanto como de los ciudadanos. Rastrear cualquier información que circule en las redes sociales, que evidencie conexiones de cualquier tipo con el terrorismo, es un asunto de primer orden dentro de la agenda de migraciones.

El meollo de la cuestión se centra en cómo hacer para promover la paz y el bienestar de los ciudadanos, ofrecer libertad, seguridad y justicia, y a la vez ayudar a las víctimas de catástrofes naturales o humanas en el marco de la Unión Europea.[5] ¿Qué pasa cuando las medidas de seguridad autorizan al estado a entrometerse en la privacidad de las personas accediendo a todo tipo de información y actividades privadas de los individuos en nombre de la paz? Según se explica en "La difícil convivencia entre libertad y seguridad. Respuesta de las democracias del terrorismo", en nombre de la seguridad social el estado ha ampliado "los poderes de investigación permitiéndose el acceso a los datos personales de los investigados, en particular a través de las informaciones de bancos y sociedades financieras. Se ha limitado también el derecho de asociación, previéndose formas de control sobre las finalidades del vínculo asociativo. Las leyes adoptadas, por doquier están motivadas por la emergencia del terrorismo de origen interno e internacional".[6] Como si esto fuera poco, también se han aumentado las penalizaciones en los casos de infracción a la ley o sospecha de infracción para promover la seguridad. Sin embargo, entendidos en la materia sostienen que, "No por agravar las penas o endurecer los recursos procesales se va a contener una criminalidad o una inseguridad".[7] Entra en debate también si es legal, aún en el marco de la problemática de la seguridad social y los atentados terroristas, extraer información de las redes de comunicación o de la nube. ¿No es esto no sólo una violación a la privacidad sino también a la libertad de expresión, de pensamiento y de religión?

Hay quienes sostienen que "la pérdida total de privacidad no nos garantizaría más seguridad, todo lo contrario: facilitaría los abusos, la manipulación y, en definitiva, la inseguridad".[8] Cabe preguntarse, ¿es posible brindar una mayor seguridad nacional sin entrar en conflicto con otros derechos básicos de los ciudadanos en el marco de la sociedad contemporánea? La problemática relación entre libertad y seguridad parece indicar que el campo de batalla y las estrategias han cambiado pero que la guerra continúa por lo que la preparación bélica llega a constituirse en el más seguro garante de la paz.

Notas

1. Alejandro Poire, "El reto de la seguridad en Latinoamerica", *Foreign Affairs Latinoamérica* 12, no. 2 (2012): 67.
2. "Más de 5.000 venezolanos encuentran un hogar en Brasil gracias a la ONU".
3. Gloria Elena Naranjo Giraldo, "Desterritorialización de fronteras y externalización de políticas migratorias. Flujos migratorios irregulares y control de las fronteras exteriores en la frontera España-Marruecos", Estudios Políticos, 45, Instituto de Estudios Políticos, Universidad de Antioquía (2014): 13–32.
4. Fanny Castro-Rial Garrone, "An Updated Approach to the Study of Terrorism",

in *Radicalism and Terrorism in the 21st Century: Implications for Security*, ed. Anna Sroka, Fanny Castro-Rial Garrone y Rubén Darío Torres Kumbrían (Frankfurt: Peter Lang, 2017), 25–48.
5. "Objetivos y valores de la Unión Europea", Unión Europea, Europa.edu.
6. Giuseppe De Vergottini, "La difícil convivencia entre libertad y seguridad. Respuesta de las democracias del terrorismo", *Revista de Derecho Político*, no. 61 (2004): 11.
7. Roberto Bergalli, "Libertad y seguridad: una equidistancia en crisis en el s XXI", International Conference on Law and Justice in the 21st Century, Universidad de Barcelona, 29–31 de mayo de 2003, https://www.ces.uc.pt/direitoXXI/comunic/RobertoBergalli.pdf.
8. Felipe Sahagún, "El triunfo de la seguridad sobre la libertad", El mundo.es, 2013, https://www.elmundo.es/especiales/11-m/la-decada/5.html.

Comprensión de la lectura

Seleccione la respuesta más apropiada para cada pregunta.

1. El propósito principal de este artículo es...
   a. instruir al lector en cuanto al aumento de la violencia en las fronteras.
   b. discutir asuntos de seguridad surgidos después del 11 de septiembre (2001).
   c. explorar la dicotomía existente entre la libertad y la seguridad a nivel global.
   d. establecer la diferencia entre casos de asilo y de refugio en ciertos países.
2. En relación al caso específico de Venezuela y su alto número de migrantes, la autora opina que...
   a. los países limítrofes carecen de la suficiente estabilidad social para apoyar a los migrantes.
   b. se hace imposible abastecer las emergencias médicas y nutricionales por parte de los países vecinos.
   c. los venezolanos son responsables de su malnutrición, desabastecimiento y desempleo.
   d. ha originado un crecimiento notable en el número de incidentes delictivos en la frontera con Colombia.
3. ¿Cuál de las siguientes opciones se menciona en el artículo como ejemplo de infringir la libertad personal a fin de incrementar la seguridad?
   a. Los rastreos policiales solamente se llevan a cabo cuando existen pruebas contundentes.
   b. La preservación de la seguridad social causa más daños que beneficios en determinadas circunstancias.
   c. El gobierno se ha mostrado incapaz de erradicar los ataques terroristas particularmente en España.
   d. Los bancos y las entidades financieras deben compartir información personal y cooperar con cualquier investigación.

4. Desde su ingreso a la Unión Europea, España...
   a. no ha podido solventar completamente el desequilibrio producido por la reconfiguración de fronteras.
   b. ha batallado con un alto índice de atentados terroristas por parte de grupos sirios e iraquíes, entre otros.
   c. ha disfrutado de protección adicional gracias a los servicios del capítulo europeo de la Interpol.
   d. ha tenido que cambiar su legislación en cuestiones de seguridad para acatar la normativa comunitaria.
5. Quienes sostienen que "[n]o por agravar las penas o endurecer los recursos procesales se va a contener una criminalidad o una inseguridad", están en contra de...
   a. revelar información confidencial a las autoridades que investigan un caso.
   b. incrementar las penas a incumplimientos o sospechas de quebrantamiento a la ley.
   c. ayudar a aquellos individuos que han participado en acoso o intimidación virtual.
   d. divulgar el contenido en sus cuentas de redes sociales o de la nube.
6. ¿Cuál de las siguientes declaraciones podría ser utilizada como una posible solución ética a la problemática presentada en el artículo?
   a. "Dejar hacer y dejar pasar" sería la medida más práctica de implementar.
   b. Conviene tutelar la seguridad descuidando la protección de los derechos humanos.
   c. Es necesario confrontar la delincuencia local re/trans/formando las instituciones sociales.
   d. Hay que legalizar las drogas ante la tarea de combatir el crimen organizado.

Dominio del vocabulario

Vocabulario activo de colocaciones	
Libertad y seguridad	**General**
1. el acceso a información personal	1. asociar(se) con/a
2. la autoridad local/nacional	2. el cuadro desalentador
3. la búsqueda y la confiscación	3. dar lugar a
4. el control de la zona fronteriza	4. desembocar en

Vocabulario activo de colocaciones	
Libertad y seguridad	**General**
5. el esfuerzo mancomunado	5. eliminar los riesgos
6. establecer la justicia	6. encontrar un equilibrio entre/en
7. frustrar un ataque terrorista	7. es cosa sabida
8. garantizar la seguridad	8. evaluar el riesgo potencial
9. infringir los derechos	9. expresar puntos de vista
10. la intervención armada	10. hacer lo posible por/para
11. invadir el espacio personal/privado	11. incitar una discusión
12. las medidas de seguridad elevadas	12. los métodos (no) convencionales
13. obtener datos	13. proponer una alternativa
14. rastreos/búsquedas policiales	14. reforzar un debate en curso
15. violar los derechos	15. sentar un precedente

Expansión del vocabulario

A. Complete los mapas conceptuales que comenzó en la sección de prelectura usando el vocabulario activo y las colocaciones del cuadro anterior. Para hacer esto, puede necesitar expandir sus mapas conceptuales agregando nuevas cajas y conexiones.

B. Seleccione la colocación **no correspondiente** con cada palabra de vocabulario. Para hacerlo, busque el sitio web *Corpus del español* (https://www.corpusdelespanol.org/web-dial/) y haga clic en *Browse*. En la casilla en blanco, a la derecha de *Word form*, escriba cada palabra de la lista a continuación y haga clic en *Find words* para completar este ejercicio.

Libertad y seguridad	Colocaciones correspondientes			
1. Derecho	a. humano	b. constitucional	c. legítimo	d. secundario
2. Seguridad	a. medida	b. incertidumbre	c. estabilidad	d. protección
3. Buscar	a. casa	b. autoconciencia	c. refugio	d. solución
4. Libertad	a. gozar	b. perder	c. supervisar	d. recobrar
5. Riesgo	a. inherente	b. inminente	c. intencional	d. innecesario
6. Debate	a. suscitar	b. fomentar	c. perseguir	d. abrir
7. Injusticia	a. social	b. local	c. estructural	d. racial
8. Crimen	a. corregir	b. organizar	c. cometer	d. combatir
9. Precedente	a. histórico	b. judicial	c. nefasto	d. colectivo
10. Salvaguardar	a. derecho	b. interés	c. motivo	d. soberanía

C. Complete los espacios en blanco con los colocados correspondientes a cada palabra **en negrita**, de acuerdo a la actividad anterior.

1. Constantemente se ______ el **debate** al cuestionarse la legalidad del uso y extracción de información privada de las redes de comunicación y de la nube.
2. Muchos consideran entonces que para ______ y proteger nuestras **libertades** es necesario unirse a las protestas en contra de la invasión a la obtención de información privada en la red por parte de organismos gubernamentales.
3. Miles de venezolanos han huido del país en busca de **seguridad,** ______ y acceso a derechos básicos de existencia.
4. Los gobiernos que cierran sus fronteras a otras naciones deben tener justificación ______ para hacerlo, ya que pueden incurrir en una violación a los **derechos** internacionales.
5. De darse el caso, y sin lugar a duda, **salvaguardar** la ______ nacional y la seguridad social de su población se convierte en una prioridad inexorable para cualquier país.
6. En España, un gran número de personas busca sentar un **precedente** ______ al sostener que nadie tiene derecho a violar la privacidad personal a fin de garantizar la seguridad nacional.

D. Escriba cinco oraciones en las que apoye o condene el acceso de los gobiernos a información individual privada, por ejemplo, la de tipo financiera, registros de llamadas telefónicas y cuentas de correo electrónico. También considere el derecho o no de las empresas o gobiernos a exigir que los ciudadanos lleven mascarilla o cubrebocas o que estén vacunados contra ciertas enfermedades en épocas de pandemia. Cada oración debe incluir por lo menos una colocación del vocabulario activo (presentado en secciones anteriores) y una correspondiente a la actividad B de esta sección.

1. ______________________________
2. ______________________________
3. ______________________________
4. ______________________________
5. ______________________________

E. Busque los sinónimos en las columnas A y B.

Columna A	Columna B
1. impedir	a. limitar
2. asegurar	b. imposibilitar
3. infringir	c. estimar
4. frustrar	d. reprimir
5. restringir	e. unir
6. expresar	f. ofrecer
7. atar	g. garantizar
8. proveer	h. juntar/recoger
9. recolectar	i. quebrantar
10. evaluar	j. manifestar

F. Estudie la siguiente **Nota lingüística** sobre los términos asociados a las funciones que corresponden a un estado o país y a sus cuerpos de seguridad.

Nota lingüística	
Funciones de un estado	**Funciones de los cuerpos de seguridad (actuación policial)**
1. Relaciones internacionales (representación mundial y participación en organismos internacionales) 2. Garantizar la seguridad nacional (mediante los cuerpos de seguridad policiales y el ejército) 3. Regular la economía (por medio del establecimiento de leyes y sistemas de impuestos) 4. Proporcionar o garantizar ciertos servicios (generalmente en materia educativa o sanitaria)	1. Ejército (defensa de los intereses nacionales) 2. Actuación policial—orden público (aplicación de la ley o velar por el cumplimiento de la ley) en su diversa jurisdicción (nacional, territorial o local)

G. Según lo que ha aprendido de la nota lingüística anterior, complete las siguientes oraciones:

1. Los cuerpos de seguridad del estado tienen la responsabilidad de ______ la seguridad nacional.
2. La policía debe ______ el orden público y asegurar que la ley ______.
3. La defensa de los intereses nacionales es ______ del ejército del país.
4. El estado debe ______ ciertos servicios en materia educativa o sanitaria.
5. ¿Quién puede ______ si no lo hacen las fuerzas de seguridad?

Exploración del significado

A. Rellene la siguiente tabla agrupando las colocaciones de vocabulario activo de acuerdo a su connotación:

Positivo	Dependiente del contexto	Negativo
•	•	•
•	•	•
•	•	•
•	•	•
•	•	•
•	•	•
•	•	•

B. Acaba de ocurrir una explosión en la estación de tren en la ciudad X. Se rumorea que se trata de un ataque intencional y el alcalde ha convocado una conferencia de prensa. Con las distinciones de la tabla anterior, formule cinco preguntas que podría hacerle al alcalde sobre la situación.

1. ______________________________
2. ______________________________
3. ______________________________
4. ______________________________
5. ______________________________

Comentando el artículo

Con un/a compañero/a, conteste las siguientes preguntas, usando el banco de palabras y las colocaciones de las secciones anteriores.

1. Contemple estas preguntas que refleja el artículo: ¿Cómo se hace para mantener la seguridad en un mundo donde los límites entre países, o aún continentes, parecen diluirse, pero todavía están presentes? ¿Dónde empiezan y dónde terminan las

responsabilidades nacionales? ¿Hasta dónde tiene el estado el derecho de interferir en la vida privada de los ciudadanos en nombre de la paz?

2. En la lectura se resalta la situación de Latinoamérica en la que "los desafíos a la seguridad están relacionados principalmente con cuestiones internas como son la inestabilidad económica, con el sinfín de problemas que esto acarrea, y la debilidad institucional". ¿Qué implicaciones tienen esas condiciones en la seguridad nacional e internacional?
3. ¿Qué consecuencias acarrea la desconfiguración de las fronteras interiores como sucede en la Unión Europea?
4. ¿Pueden cambiar los derechos con el paso tiempo? ¿Cómo y por qué?
5. ¿Qué pasa cuando las medidas de seguridad autorizan al estado a entrometerse en la privacidad de las personas accediendo a todo tipo de información y actividades privadas de los individuos en nombre de la paz?
6. ¿Qué evidencia, si alguna, debe proporcionar el gobierno para detener a los acusados o a los sospechosos de crímenes terroristas?
7. ¿Qué quieren decir los entendidos al apuntar que "no por agravar las penas o endurecer los recursos procesales se va a contener una criminalidad o una inseguridad"? ¿Qué otras soluciones pueden ser viables?
8. En el artículo se cita a quienes sostienen que "la pérdida total de privacidad no nos garantizaría más seguridad, todo lo contrario: facilitaría los abusos, la manipulación y, en definitiva, la inseguridad."? ¿Está de acuerdo? ¿Por qué?
9. El artículo termina con la pregunta: ¿es posible brindar una mayor seguridad nacional sin entrar en conflicto con otros derechos básicos de los ciudadanos en el marco de la sociedad contemporánea? ¿Qué piensa usted?
10. Si tuviera que ceder uno u otro, ¿preferiría limitar la seguridad de su país o su libertad individual? ¿Cómo pueden variar las respuestas a esta pregunta según las circunstancias del país del que se trate?

Construcción del discurso crítico

Reconociendo las inferencias

A. En los debates se suelen usar diversas tácticas lógicas para sustentar los puntos de vista, pero algunas estrategias argumentativas son más débiles y, por lo tanto, deben evitarse. Estudie la siguiente tabla y familiarícese con las estrategias argumentativas débiles, llamadas también falacias lógicas.

Explicación	Ejemplo
Efecto de arrastre o efecto *bandwagon* o argumento *ad populum*	
Puesto que todo el mundo lo cree y/o lo hace, debería de ser la verdad o lo correcto.	*Este profesor no debería mandar tanta tarea puesto que ninguno de los otros profesores lo hace.*
Razonamiento circular	
Cuando apoya una premisa con otra en lugar de utilizar una conclusión.	*Don Juan Hernández es el alcalde más exitoso que ha tenido este pueblo, de hecho, es el mejor alcalde de la historia.*
Falsa analogía	
Asumir que, puesto que dos cosas están relacionadas de alguna manera, son parecidas en otro aspecto.	*Mi padre es un policía muy justo e imparcial, por lo tanto, toda la policía es justa e imparcial.*
Generalización errónea	
Declarar la veracidad de una opinión basada en evidencia insuficiente o limitada.	*Vi dos iguanas blancas en México, por lo que todas las iguanas en México son blancas.*
Pista falsa o cortina de humo	
Presentar información irrelevante para desviar la atención de los asuntos más importantes.	*No me merezco sacar una mala nota en este examen. Soy capitana del equipo de fútbol.*

B. Lea las siguientes oraciones para determinar si su lógica es acertada o errónea. Si decide que son erróneas, identifique qué clase de lógica representa la oración según la tabla de la sección A.

1. Debería haber un castigo más severo para los terroristas porque necesitamos disuadir a los demás de cometer los mismos delitos.
2. Las dos veces que he volado, la seguridad del aeropuerto ha abierto y registrado mis maletas. Siempre me pasa igual: soy la única persona a quien registran.

3. Hay un solo detector de metales en mi escuela por el que todo el mundo tiene que pasar cada mañana. Podríamos entrar más rápido en la escuela si la administración comprara otro detector.
4. Yo no tendría que pasar por el control de seguridad. Soy blanca, de la clase media y obviamente norteamericana.
5. Cuando la policía pide la licencia de manejar y el registro es similar a reclamar la ropa interior. Los dos son asuntos privados que la policía no tiene derecho a ver.
6. Por trabajar para el gobierno, los funcionarios deberían tener el derecho de monitorear nuestras finanzas para buscar actividades sospechosas.
7. Estoy dispuesto/a a compartir mi información personal porque deseo vivir en un país seguro.
8. China no debería monitorear las búsquedas en la red que hacen sus ciudadanos porque ninguno de los otros países lo hace.

Formación de hipótesis

A. Estudie el siguiente escenario para determinar los métodos de registro que se suelen usar en los aeropuertos.

> Para garantizar la seguridad de los pasajeros, los empleados del aeropuerto usan una variedad de métodos de registro, incluyendo detectores de metal, máquinas de rayos X, control del equipaje, así como la prohibición de líquidos y objetos cortantes o punzantes en el equipaje de mano. Además, también cuentan con el escaneo del equipaje, las reseñas de los pasajeros, interrogatorios a los viajeros, controles al azar, así como la obligación de pasar por el escáner algunos objetos personales y otros controles biométricos.

B. Con el modelo de formular hipótesis, responda a la pregunta con respecto a la seguridad de viaje: ¿Ha pasado alguna vez por el control de seguridad al ir en auto o en el aeropuerto?

1. En caso afirmativo, ¿cuál fue su experiencia con la policía o con la seguridad del aeropuerto? Especule sobre el siguiente escenario hipotético: si Ud. hubiera sabido de antemano sobre el control de seguridad, ¿hubiera hecho algo diferente?
2. En caso negativo, ¿cómo podría prepararse mejor para un posible control de seguridad en el futuro?

Debate de práctica

En grupos de cuatro alumnos, improvisen un breve diálogo tras escoger uno de los siguientes papeles. Procuren incluir al menos 10 palabras que hayan aprendido en este tema y representen estos diálogos ante la clase.

Situación: El jefe de seguridad de un importante centro de negocios recibió un correo electrónico anónimo diciendo que un empleado podría representar un riesgo a la seguridad del negocio. No se proporcionó el nombre del individuo en cuestión, por ello se convocó una reunión de emergencia para determinar el mejor plan de acción.

Personaje A: Jefe de seguridad—rresponsable de determinar el plan de acción. Solicite sugerencias de los participantes y, después de la conversación, tome la decisión final.

Personaje B: Experto en la resolución de conflictos en el entorno corporativo. Ofrezca sugerencias para prevenir el peligro potencial a quienes están en el edificio.

Personaje C: Especialista en informática y computación del centro de negocios. Recurra a su experiencia para determinar lo que la compañía debería hacer.

Personaje D: Representante de una empresa importante que también tiene su sede en el edificio. Usted está preocupado/a por la reacción de sus empleados ante la posible violación de sus derechos civiles.

Comprensión auditiva

Preparación

Antes de escuchar el archivo de audio, complete la siguiente tabla con predicciones sobre los argumentos que crea que va a escuchar.

Los gobiernos deben restringir las libertades personales en interés de la seguridad global.	Los gobiernos deben defender las libertades personales a expensas de la seguridad global.
•	•
•	•
•	•
•	•

Los gobiernos deben restringir las libertades personales en interés de la seguridad global.	Los gobiernos deben defender las libertades personales a expensas de la seguridad global.
•	•
•	•
•	•

Mientras se escucha

A. Escuchar para comprender la idea general. Escuche la grabación de audio 5.2 y marque en la tabla anterior los argumentos que han aparecido. Añada los argumentos adicionales que no había previsto.

B. Escuchar detalles específicos. Escuche el archivo de audio por segunda vez y evalúe los argumentos que enumeró en la tabla anterior como "fuertes" o "débiles". Proponga formas de mejorar los argumentos que calificó como "débiles".

Después de escuchar

A. ¿De qué lado cree que se presenta un argumento más persuasivo? Apoye su opinión citando las razones que fortalezcan tal argumento.

B. En cada debate, alguien tiene la última palabra. Prediga la respuesta de la contraparte ante el último argumento que se escuche.

Construyendo el argumento: el proceso escrito

Elementos claves: la introducción y la conclusión

Introducción: El objetivo de la introducción es establecer claramente la posición sobre un tema. Sin embargo, el primer aspecto a tener en cuenta debe ser captar la atención del lector y, además, concluir la introducción con la declaración de la tesis. El resto del párrafo debe llevar lógicamente a esa afirmación.

Una buena forma de empezar un párrafo de introducción para llamar la atención del lector podría ser:

1. *Un ejemplo intrigante.* Varios de los ensayos en este libro de texto comienzan con anécdotas o ejemplos interesantes: En el tema 1, Oriana Reyes presenta los acontecimientos de la II Guerra Mundial para dar contexto al conflicto entre la protección ambiental y el crecimiento económico. En este tema, Ursula Atisme ilustra la cuestión de la seguridad y las libertades civiles con varios ejemplos de los terribles actos terroristas que han sucedido en los últimos años.

   Esta técnica sirve para ilustrar la gravedad del problema que se está abordando. También se podrían utilizar estadísticas, indicando cifras y porcentajes, o incluyendo gráficas o tablas.
2. *Una cita provocativa.* Los ensayos expositivos de este libro comienzan con una cita sugerente. Por ejemplo, el tema 4 sobre inmigración contiene la cita de Librado Rivera: "Si fuera la patria como una madre cariñosa que da abrigo y sustento a sus hijos, si se les dieran tierras y herramientas para sembrar, nadie abandonaría su patria para ir a mendigar el pan a otros países en donde se les desprecia y se les humilla." En este capítulo se podrían usar citas como: "El primer deber de un hombre es pensar por sí mismo" (José Martí), "La libertad no tiene su valor en sí misma: hay que apreciarla por las cosas que con ella se consiguen" (Ramiro de Maeztu)," Los que no se mueven, no se dan cuenta de sus cadenas" (Rosa Luxemburgo) o "Quienes pueden renunciar a la libertad para obtener una pequeña seguridad temporal no merecen ni libertad ni seguridad" (Benjamin Franklin). ¿Por qué cree que se ha escogido la de Ramiro de Maeztu?
3. *Una pregunta que haga pensar.* Para el tema que se aborda en este capítulo podría ser: ¿puede ser justificable en algún caso recortar las libertades civiles? o ¿cuál es el precio de la seguridad?

A. Lea los párrafos introductorios para cada ensayo de este libro de texto e identifique las diversas estrategias utilizadas para llamar la atención del lector. ¿Cuál le parece más eficaz? Argumente su respuesta.

B. Lea los párrafos introductorios que se presentan a continuación y critíquelos. ¿Cuál de ellos llama mejor la atención del lector? ¿Cuál no? ¿Por qué?

> El asunto de las libertades civiles y la seguridad es muy importante. Hay muchos aspectos diferentes del problema. Por ejemplo, algunas personas sienten que la seguridad es más importante que las libertades civiles, pero otras sienten que las libertades civiles son las más importantes.

Hace unos años, un empleado del aeropuerto ruso Pulkovo, en San Petersburgo, dejó patidifusos a empleados y pasajeros cuando se desnudó como protesta por el procedimiento tan escrito a que se vio sometido por los agentes de seguridad. El joven había dejado sus llaves en el aeródromo y, cuando retornó a buscarlas, fue interceptado por guardias de seguridad "sin tacto". El personal asignado al detector de metales le pidió que se quitara la correa. Fue en ese momento, cuando el joven, a modo de protesta, se quitó no sólo esa pieza, sino el resto de su vestimenta. "Yo conozco las reglas y yo sé que no es necesario en esta zona de pre-vuelo ser tan estricto y que los guardias de seguridad sólo estaban siendo severos", agregó. Aunque llamaron a la Policía, se le permitió irse luego de que se volvió a poner la ropa.

Fuente: https://laopinion.com/2015/02/18/se-desnuda-en-pleno-aeropuerto-en-protesta-por-inspeccion-de-seguridad-video/

"La libertad, Sancho, es uno de los más preciosos dones que a los hombres dieron los cielos"—dijo Don Quijote a su escudero. Como libertad se puede definir la condición de estar libre de restricción o control, con la capacidad de poder de actuar, creer o expresarse a sí mismo de la manera que uno elija. Los pueblos hispanos nunca han sido verdaderamente libres, ya que sus gobiernos siempre han tenido algún tipo de leyes y regulaciones para restringirnos y controlarnos desde la libertad total.

¿Cómo pueden los gobiernos proteger eficazmente a sus ciudadanos del terrorismo sin infringir sus libertades civiles? Muchas personas argumentarían que en los Estados Unidos no se puede justificar ninguna violación de la privacidad personal o de las libertades civiles. Sin embargo, ¿de qué les valen las libertades civiles a los ciudadanos que mueren como resultado de un acto terrorista que se puede haber prevenido? Para vivir en una nación segura, los estadounidenses deben estar dispuestos a sacrificar incluso las libertades básicas garantizadas por la Carta de Derechos de los Estados Unidos.

Después del atentado del 11 de septiembre del 2001 el terrorismo se ha universalizado y sus impactos mediáticos han causado gran temor en la población mundial, debido a la internacionalidad y a la movilidad de los terroristas. En este artículo, y tomando como ejemplo el atentado de La Penca (1984), en Nicaragua, veremos que la internacionalidad y la movilidad de los terroristas también era muy grande en la década de 1980. La movilidad del terrorismo ideológico de izquierda en la década de 1980 se facilitó por el apoyo de la guerrilla y de gobiernos revolucionarios en el poder.

Fuente: http://www.scielo.sa.cr/scielo.php?script=sci_arttext&pid=S1409-469X2012000200003

Conclusión: Al igual que en la introducción, el propósito de una conclusión también es doble: por un lado, debe resumir los puntos clave y reafirmar la tesis y, por otro, reforzar la afirmación con un pensamiento final. La conclusión no debe contener información totalmente nueva o datos sin sustentar, pero tampoco puede ser una mera repetición o un resumen de lo ya expresado. Las siguientes estrategias pueden ayudar a enmarcar el pensamiento final:

1. Hacer una pregunta retórica final.
2. Citar o referirse a la pregunta expresada al principio.
3. Predecir los resultados hacia el futuro.
4. Sugerir consecuencias.
5. Dar una recomendación.

Lea los siguientes ejemplos de párrafos de introducción y conclusión (a) observando la forma en que se replantean las declaraciones de las tesis y (b) determine el tipo de estrategia que se utiliza para captar la atención y los pensamientos finales.

Párrafo de introducción	Párrafo de conclusión
Tras el nuevo ataque terrorista en Londres, el debate sobre el rol de las redes sociales y de las plataformas de mensajería -como medios de difusión y de planeamiento de los atentados- volvió a estar en el foco de la discusión. Por un lado están los gobiernos, que exigen mayores controles de las empresas tecnológicas para monitorear la propaganda extremista, y menos barreras de seguridad de los programas de mensajería para vigilar las comunicaciones y "frustrar futuros ataques terroristas".	Las plataformas de Internet se han convertido en los nuevos "Times Square". Son el lugar donde la gente se reúne para discutir temas del día, ya sea política, relaciones personales o las noticias. Por eso es muy importante que preservemos el derecho a la libertad de expresión en esas plataformas.

Fuente: https://www.lanacion.com.ar/el-mundo/seguridad-vs-privacidad-el-debate-del-rol-de-internet-nid2031159

Párrafo de introducción	Párrafo de conclusión
El 27 de febrero de 1933, un pirómano incendió el edificio del Reichstag en Alemania y al día siguiente Adolf Hitler impuso el Decreto Reichstag que suspendió la mayoría de las libertades civiles en Alemania. Muchos creen que fue este decreto el que abrió el camino para que Hitler asumiera el poder. Las disposiciones del Decreto de Fuego del Reichstag son sorprendentemente similares a las de la Ley Patriótica (en inglés, USA Patriot Act), promulgada pocas semanas después de los ataques terroristas en el World Trade Center y el supuesto propósito de ambas leyes era proteger de la violencia a los ciudadanos. Los amplios poderes otorgados al gobierno federal por la Ley Patriótica deberían ser abolidos para garantizar la supervivencia de nuestras libertades democráticas.	La Ley Patriótica permite que el gobierno pise los derechos básicos garantizados por la Constitución. Winston Churchill señaló: "El poder del Ejecutivo para enviar a un hombre a la cárcel sin formular ningún cargo conocido por la ley y, en particular, negarle el juicio de sus compañeros/as es odioso y es el fundamento de todo gobierno totalitario". Como tal, debe ser abolido.

C. Lea el siguiente ensayo y subraye la declaración de la tesis. ¿Qué estrategia utiliza el autor para atraer la atención del lector? ¿Cómo se reafirma la declaración de la tesis en la conclusión? ¿Qué método de presentación del pensamiento final se utiliza?

La seguridad pública: el fin de la privacidad (ensayo de opinión)

Maider Valdés—España

La privacidad, más que un derecho humano, es una necesidad. Ha sido representada como el derecho al honor, a la vida privada y a la información según la Declaración Universal de los Derechos Humanos y el Día Internacional de la Protección de Datos Personales. Estas entidades indican que una persona merece la protección de su imagen pública y su honor, lo que implica una cierta seguridad civil en referencia a la información compartida sobre una persona para evitar el daño a su imagen.[1] Esta visión se corrobora en la legislatura de la gran mayoría de países hispanohablantes, aunque algunos, como Argentina, han realizado movimientos para reducir las sanciones de penales a simplemente económicas.[2]

No son pocos los casos de violación de la privacidad que encontramos y estos a menudo se ven legalmente relacionados con la libertad de expresión. Entendemos como dice la frase, que "los derechos de una persona terminan donde comienzan los de la otra", pero ¿hasta qué punto es factible la violación de esta máxima por "un bien común"? Los secretos son parte intrínseca de todo ser humano independientemente de su gravedad, ya que todas las personas tienen derecho a mantener su dignidad y su honor. El problema radica en que a la hora de analizar el derecho a la privacidad no es posible hacer distinciones individuales, ya que, bien se defiende o no, se ese derecho para todos. Sin embargo, también es fundamental proteger a la sociedad de un bien mayor: la seguridad global. Este dilema se ha puesto de manifiesto en las investigaciones de algunos crímenes terroristas, especialmente los sufridos en Europa en los últimos años.[3] La única forma de valorar la corrección o error de una información es recopilarla y procesarla, como vemos en movimientos del FBI donde se proyecta hacer seguimientos criminales antes de que ocurran,[4] lo que nos causa la siguiente duda: ¿cómo se puede considerar a alguien criminal si no ha cometido ningún crimen? Ciertamente hay secretos más peligrosos que otros, pero la realidad es que no hay forma de hacer una selección en este aspecto: la seguridad es firme. Deben observarse todas las acciones, ya que no es posible analizar a una persona al azar y a otra no, y es precisamente este análisis previsor el que protegerá a la sociedad de peligros inminentes, como se ha visto en algunos casos de Estados Unidos.[5] Este factor se observa especialmente en las redes sociales y en canales como YouTube, donde el sistema que detecta el contenido riguroso ha acabado por afectar incluso a videos infantiles, que llegan a ser considerados como contenido inadecuado por culpa de las personas que ponen comentarios soeces en los mismos.[6]

Ante esto, las posturas presentadas, aunque radicales, son claras. Las opciones son sacrificar la privacidad a fin de acceder a internet o bien evitar el uso de cualquier aparato electrónico, a riesgo de perder toda conexión con la realidad.[7] Este hecho afecta especialmente a los menores, quienes a menudo son omitidos de este tipo de plataformas para proteger su integridad hasta que sean socialmente considerados responsables de sus propios actos, edad que va reduciéndose más y más a medida que pasan los años. Así ya encontramos ejemplos de niños y adolescentes que comparten su vida online y terminan siendo denunciados por el contenido de sus vídeos o con daños a su reputación personal, algo que les afectará en la escuela y en el futuro, al igual que se ha visto en casos a través de YouTube como el de ReSet.[8] Este último acabó siendo denunciado por el contenido de sus videos y tuvo que pagar una gran cantidad de tiempo y dinero tanto a los afectados como al estado.
Y esto, por desgracia, seguirá como prueba

en la plataforma mucho después de que su multa sea pagada.[9] Un caso similar fue el que le sucedió a un niño en Florida en 2019; uno de sus amigos sacó una foto suya con un arma y con un letrero amenazador y, aunque se trataba de una broma, se llegó a convertir en amenaza terrorista infundada, y la escuela tomó represalias expulsando al niño.[10]

Además de la información personal que se transmite voluntariamente en las redes sociales, existen hoy en día un sinfín de aplicaciones aparentemente gratuitas en posesión de empresas millonarias. Por ejemplo, no hace mucho tiempo Facebook compró WhatsApp, un servicio de comunicación extendido a lo largo del mundo, especialmente en la comunidad hispana, por una cuantiosa cantidad de dinero, al igual que en el caso de Instagram.[11] Está claro que estas empresas adquieren sus ganancias de alguna manera y, dadas las denuncias, no es descabellado concluir que parte de estos beneficios, si no todos, vienen de la información que poseen.

El problema de la falta de privacidad y la sobreinformación estriba en que, aunque la mayoría de los datos obtenidos en esas investigaciones no son relevantes para una querella criminal, violan indiscutiblemente la privacidad de los individuos. Queda claro entonces que la implementación de la seguridad por encima del ámbito público no garantiza la misma y no hace más que incrementar el sentimiento de violación a la privacidad cada vez más extendido entre países geográficamente y lingüísticamente dispersos, como se observa a través de las estadísticas y de las numerosas denuncias, especialmente realizadas por la ley contra la difamación y calumnia vigente hoy en día.[12] Estos ejemplos se han visto en varios casos donde, a pesar de que la policía sospechaba o incluso vigilaba a algunos individuos, no podía acusarlos sin motivos y no pudieron prevenir ataques terroristas. Es decir, la invasión de su privacidad no sirvió para evitar las desgracias.[13] Es evidente que la previsión anticipada y generalizada no es la solución más óptima. Entretanto, se ha demostrado que la creación de leyes para el control de estos casos o la imposición de programas de protección han tenido mucho más éxito, como en la reducción y el control riguroso de armas que hay en Europa en comparación con países como Estados Unidos.

En conclusión, podemos observar que los hechos hablan por sí mismos: la sobreprotección a través de la ausencia de privacidad acarrea más problemas de los que solventa. En nuestra opinión, a la hora de sopesar las posibles soluciones se debería dar clara prioridad a la privacidad, ya que es esta misma la que permite la libertad individual, la que, por desgracia, está cada vez más mermada en la sociedad de hoy en día.

Notas

1. Javier García Espinar, "Tabla de derechos humanos 2.0: Cuadro de mormas y mecanismos para la Protección de los Derechos Humanos", Fundación Acción pro Derechos Humanos, https://www.derechoshumanos.net/derechos/index.htm.
2. "Las leyes penales de difamación en Sudamérica", 2 de marzo de 2016, https://cpj.org/es/2016/03/sudamerica/.
3. Carmen López Belda, "La protección de datos y el terrorismo internacional", Asociación Profesional Española de Privacidad, 22 de enero de 2016, https://www.apep.es/la-proteccion-de-datos-y-el-terrorismo-internacional/?v=3b0903ff8db1.
4. Brandi Vincent, "FBI Wants Tech to Track Social Media for Criminals and Terrorists Before They Act", *Nextgov*, 31 de julio de 2019, https://www.nextgov.com/emerging-tech/2019/07/fbi-wants-tech-track-social-media-criminals-and-terrorists-they-act/158843/.
5. "About NSA/CSS", National Security Agency/Central Security Service, https://www.nsa.gov/about/civil-liberties/.
6. Raúl Álvarez, "YouTube se está convirtiendo en un paraíso para los pedófilos, lo que está provocando que los anunciantes abandonen la plataforma", Xataka, 21 de febrero de 2019, https://www.xataka.com/servicios/youtube-se-esta-convirtiendo-paraiso-para-pedofilos-que-esta-provocando-que-anunciantes-abandonen-plataforma.
7. Anya Kamenetz y Jessica Bakeman, "To Prevent School Shootings Districts Are Surveilling Students' Online Lives", *NPR*, 12 de septiembre de 2019, https://www.npr.org/2019/09/12/752341188/when-school-safety-becomes-school-surveillance.
8. Kamenetz y Bakeman, "To Prevent".
9. Redacción EC, "WhatsApp o Instagram: la adiquisición que benefició más a Facebook", *El Comercio*, 1 de enero de 2018, https://elcomercio.pe/tecnologia/redes-sociales/facebook-adquisicion-rentable-instagram-whatsapp-noticia-485106-noticia/.
10. Francisco Petrarca, "Consecuencias jurídicas por difamación o calumnias", *La Razón de México*, 4 de mayo de 2019, https://www.razon.com.mx/opinion/consecuencias-juridicas-por-difamacion-o-calumnias/.
11. Victoria Bryan y Jane Wardel, "La seguridad aeroportuaria, en el punto de mira tras los ataques de Bruselas", Reuters, 23 de marzo de 2016.

D. Escriba el párrafo de introducción y conclusión de su propio ensayo y compártalos con sus compañeros/as de clase. Haga revisiones basadas en los comentarios que reciba.

Redacción del ensayo de opinión

Escriba un ensayo persuasivo o de opinión sobre el tema de *seguridad o libertad* que tenga una extensión de cinco a seis párrafos y que además incluya colocaciones y vocabulario activo de este tema.

Construyendo el argumento: el proceso oral

Implementación de estrategias retóricas

A. Estudie la siguiente nota:

Nota de estrategia En los temas 1-4, se presentaron las primeras cuatro de cinco estrategias de debate: las preguntas de conjetura, las preguntas de definiciones, la estrategia de causa-efecto y las preguntas de valoración.

En este tema se trabajará la quinta estrategia: las preguntas de procedimiento. Estas preguntas se enfocan hacia el futuro, extrapolando un argumento y explorando tanto la viabilidad, como la verosimilitud y credibilidad de dicho asunto en relación futura. Por ejemplo, en este tema se ha leído y ha hablado del equilibrio entre la seguridad nacional y la libertad personal, y en la mayoría de los debates en que se usan argumentos de procedimiento, se discutiría sobre cómo sería el mundo si hubiera demasiadas medidas de seguridad, muy poca libertad o ambas situaciones. Por ejemplo, un argumento de procedimiento se podría enfocar así: *Describa cómo sería la experiencia de vivir en una nación en la que la seguridad nacional fuera más importante que la libertad personal.*

B. Repase el texto resaltando las palabras y frases más importantes para apoyar su argumento. Por ejemplo, si está defendiendo la posición de que la libertad personal es de suma importancia, busque las palabras y expresiones que demuestren la prevalencia de la libertad personal sobre la seguridad nacional. A continuación, haga una lista de las cinco palabras o frases procesales que apoyen su argumento:

1. ______________________________
2. ______________________________
3. ______________________________
4. ______________________________
5. ______________________________

C. Durante el debate se pueden usar declaraciones procesales para apoyar un argumento o debilitar el contrario. Por ejemplo, se podría hacer y contestar la siguiente pregunta: "¿Cómo se viviría en una nación en la que la seguridad nacional se considere mucho más importante que la libertad personal?" Basándose en las declaraciones de procedimiento que ha escrito anteriormente, escriba cinco oraciones o preguntas que Ud. podría usar en el debate.

1. ______________________________
2. ______________________________

3. ____________________
4. ____________________
5. ____________________

D. Mientras se prepara para el debate, Ud. es capaz de predecir que el oponente va a usar declaraciones procesales de viabilidad, verosimilitud y credibilidad para apoyar su argumento. Ud. puede oponerse a estas declaraciones remarcando las debilidades en la implementación de estas ideas. Por ejemplo, es posible que la contraparte argumente que el riesgo para la seguridad requiere que la sociedad renuncie a su libertad personal por completo, así que Ud. podría argumentar que tal postura no recibiría suficiente apoyo y, por lo tanto, este argumento carecería de credibilidad.

Repase el texto y haga una lista de cinco declaraciones de procedimiento que el oponente podría usar para apoyar su posición en el debate. Luego, enumere cómo argumentaría en contra de estas declaraciones.

1. ____________________
2. ____________________
3. ____________________
4. ____________________
5. ____________________

E. Repaso y aplicación de las estrategias del debate:

Ya se han visto cinco estrategias de debate: las preguntas de conjetura, las preguntas de definición, las estrategias de causa-efecto, las preguntas de valoración y, en este tema, las preguntas de procedimiento. En preparación para el debate, practique una variedad de estrategias que apoyen su argumento o refuten el contrario, para poder incorporarlas de manera natural durante el debate.

Cómo presentar el tema

Utilice las siguientes expresiones para **mantenerse firme en su posición**. Repase estas expresiones e incorpórelas tanto en la tarea escrita como en la oral.

1. Los defensores de X argumentan que... pero exageran cuando aseguran que...
2. Aunque sea verdad... no siempre va a suceder que...
3. Por otro lado, estoy de acuerdo con X en que...
4. Pero, por otra parte, todavía insisto en que...
5. Aunque parece razonable que... refuto este argumento con la opinión de que...

Cómo defender el punto de vista

Habrá momentos durante el debate, en que se necesitará expresar opiniones en lugar de aportar datos. En caso de que surja tal situación, se pueden utilizar las siguientes declaraciones:

- Siento no poder aportar evidencia empírica en este momento, pero si le interesara mi opinión, le diría que...
- Se podrían presentar datos específicos, sin embargo, la opinión de...
- Lamento no poder citar ahora la fuente específica, pero se dice que..., y la mayoría concuerda en que...

Cómo defender la posición

A. **Presentación oral**: Haga una presentación oral de 3-5 minutos defendiendo su postura con respecto al tema. Después de practicar, grabe la presentación y escúchela. ¿Cuáles son las áreas en las que necesita mejorar? Esté listo/a para dar su presentación ante la clase.

B. **A debatir**: Ha llegado el momento del debate. Sintetice todos los apuntes que apoyen sus argumentos, tenga a mano la lista de colocaciones de vocabulario y las expresiones retóricas que pueda usar durante el debate. ¡Ojo! Recuerde que estos apuntes sirven sólo como referencia y no los puede leer directamente durante el debate; por ello, es mejor usar listados como ayuda visual.

Reflexión

Autoevaluación

A. Reflexione sobre el tema que acaban de debatir. Para ello, puntúe de 1 a 6 cómo considera su nivel de preparación para el debate.

1. Estaba preparado/a para el debate.
2. Estaba motivado/a para debatir este tema.
3. Me esforcé mucho en prepararme para debatir este tema.

1	2	3	4	5	6
Totalmente de acuerdo	De acuerdo	Parcialmente de acuerdo	Parcialmente en desacuerdo	En desacuerdo	Totalmente en desacuerdo

B. Si la mayoría de sus respuestas están en el lado derecho de la escala, ¿qué puede hacer para desplazarse hacia el lado izquierdo? Si la mayoría de sus respuestas están en el lado izquierdo de la escala, ¿qué puede hacer para mantenerse allí?

Repaso de vocabulario

Identifique diez colocaciones que haya aprendido y utilizado, prestando especial atención a las de mayor frecuencia de uso en esta unidad de estudio.

1. ______
2. ______
3. ______
4. ______
5. ______
6. ______
7. ______
8. ______
9. ______
10. ______

Educación formal o experiencia profesional

Claves del éxito: educación o experiencia profesional

Related NCSSFL-ACTFL Can-Do Statement:
I can present an objective evaluation of the role of education in the quality of life in my own and other cultures.

Antes de la lectura

Presentación del tema

A. Fuera de clase, entreviste a hablantes nativos de español (si fuera posible, si no de cualquier lengua) que usted considere tengan carreras exitosas. Registre sus respuestas a las siguientes preguntas:

1. ¿Cuál es su definición de una carrera exitosa?
2. ¿Qué cualificaciones necesita una persona para comenzar una carrera exitosa?
3. ¿Qué consejo daría a los jóvenes que ingresan a la fuerza laboral?

B. Use el internet para buscar tres trabajos que le gustaría tener. Escriba algunas de las cualificaciones que se precisan para cada trabajo. ¿Son estos requisitos similares a los que figuran en la segunda pregunta de arriba?

C. Forme grupos y presente los resultados de su encuesta a algunos de sus compañeros/as de clase. Asegúrese de responder las preguntas a continuación y también cree dos preguntas para generar una discusión grupal.

1. ¿Encontró que la mayoría de las personas tenían una definición similar de una carrera exitosa?
2. ¿Qué podría explicar sobre la diferencia o similitud en las respuestas a las dos últimas preguntas de la encuesta?

3. Según su búsqueda de empleo en línea, ¿qué consejos serían más útiles para quienes buscan una carrera exitosa?
4. ______________________________
5. ______________________________

D. Estudie estas notas lingüísticas sobre el significado de la palabra "éxito" según la definición del *Diccionario de la lengua española* y explique cómo se relacionan estas definiciones con la información que recopiló a través de su encuesta al comienzo de esta unidad.

Nota lingüística 1	
Éxito (sustantivo, masculino)	Etimología del latín *exĭtus* 'salida'
1. Resultado feliz de un negocio, actuación, etc.	Le felicitaron por el gran *éxito* de su empresa de construcción.
2. Buena aceptación que tiene alguien o algo.	La película cosechó un gran *éxito* de público en el festival.

Nota lingüística 2
Calificar y cualificar
El *Diccionario panhispánico de dudas* indica que los adjetivos **calificado** (preferido en América) y **cualificado** (más habitual en España) pueden usarse indistintamente con los significados 'competente o especialmente preparado para realizar una determinada actividad' (personal calificado o cualificado), 'que requiere una preparación específica' (aplicado, por ejemplo, a empleo) y 'que representa una fracción superior a la mitad' (mayoría calificada o cualificada). Así, en España se distinguiría entre **calificaciones académicas** (las notas o resultados de las evaluaciones de las materias o signaturas estudiadas) y **cualificaciones académicas** (competencias o rasgos adquiridos a través del estudio), mientras que en Latinoamérica suele usarse **calificaciones** para expresar ambos conceptos.

E. Analice el título del artículo *Claves del éxito: educación o experiencia profesional* y haga una lista de los distintos temas que podrían tratarse en este ensayo, teniendo en cuenta que algunos de los ricos más famosos abandonaron sus estudios en universidades elitistas para emprender negocios.

F. Analice la información que se presenta en la **Nota cultural nº 1 El precio de la educación superior**, y comente con un/a compañero/a las implicaciones de esta información en diversos países, incluidos los que ofrecen matrícula universitaria gratuita.

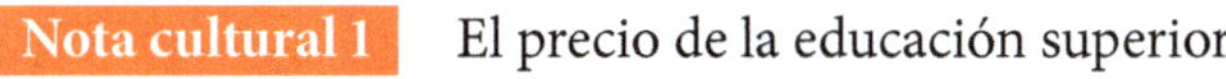

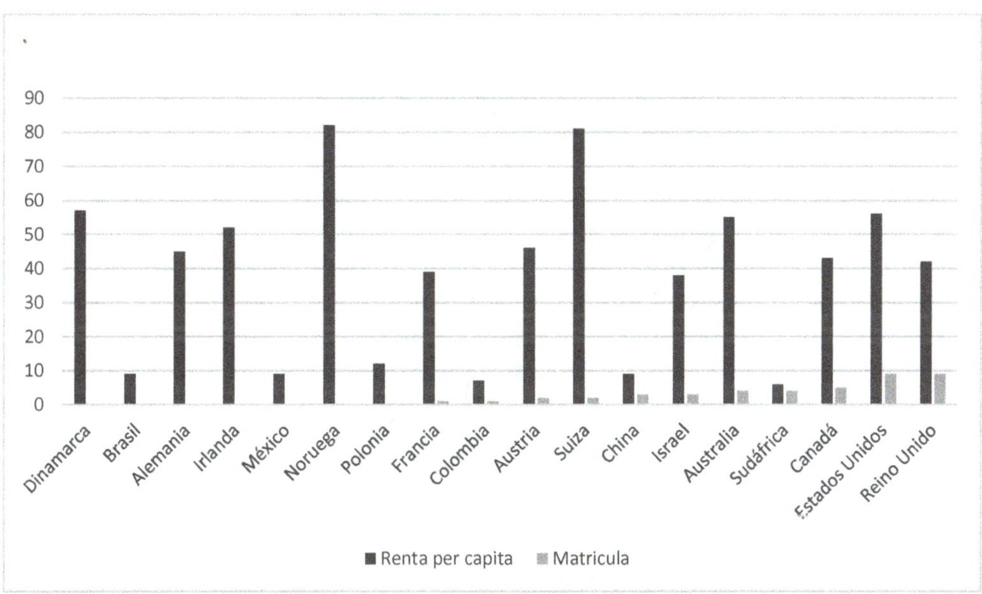

Fuente: Datos adaptados de: https://www.cnbc.com/2017/10/13/cost-of-college-tuition-around-the-world.html

Creación de mapas conceptuales (asociogramas)

A. Haga una lluvia de ideas con cuantas palabras conozca asociadas al éxito personal y académico. Organice sus ideas para crear dos mapas conceptuales separados según el patrón mostrado más abajo. Después de leer el artículo, podrá agregar más información, así que por ahora, se pueden dejar algunas casillas en blanco.

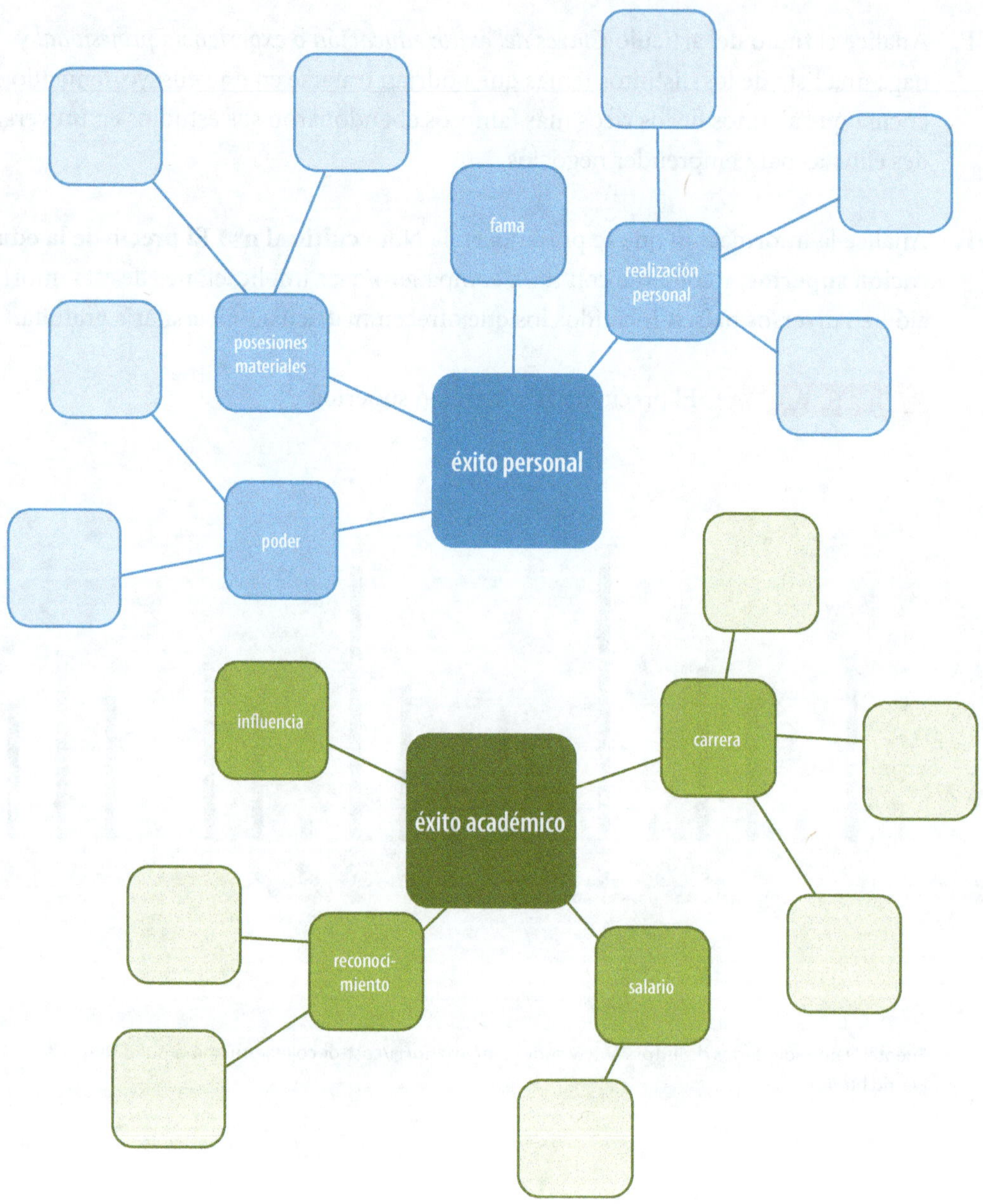

B. Compare sus asociogramas o mapas conceptuales con los de sus compañeros/as para generar ideas adicionales. Después de completar los dos mapas, decida qué áreas temáticas pueden ayudar a superar la brecha entre los dos mapas. En otras palabras, ¿qué aspectos hay en común en los ámbitos del éxito académico y profesional?

Profundizando en las ideas y opiniones

A. La revista *Time* identificó a las siguientes personas (y máquinas) como *Personas del Año*. Es una distinción que se otorga a personas, grupos, ideas o máquinas que "para bien o para mal... hayan tenido mayor influencia en los eventos del año". Analicen en parejas lo que significa *el éxito* en estos casos. ¿Cómo los galardonados han impactado o cambiado al mundo?

Martin Luther King Jr.	1963	Líder del Movimiento por los Derechos Civiles
La computadora	1982	Iniciador de la Época de la informática
Bill y Melinda Gates	2005	Fundador de Microsoft y filántropos
Barack Obama	2008	Primer Presidente estadounidense negro escogido
Mark Zuckerberg	2010	Fundador de Facebook
Angela Merkel	2015	Canciller federal de Alemania
Denunciantes	2017	Movimiento *Me Too*. Mujeres que denunciaron el acoso sexual
Los guardianes y la guerra de la verdad	2018	Periodistas que enfrentaron persecución, arresto o asesinato por su denuncia
Greta Thunberg	2019	Activista medioambiental adolescente
Elon Musk	2021	Empesario y magnate. Considerado la persona más rica del mundo en 2022

B. ¿Cómo se mide el éxito? Según las citas que se presentan a continuación, ¿cuáles son las variables más importantes para medir el éxito? De cada cita, subraye las variables que considere más significantes y luego presente su análisis ante la clase o el grupo.

El éxito depende de la preparación previa, y sin ella seguro que llega el fracaso
Confucio

Reunirse es el comienzo; mantenerse juntos es el progreso; trabajar juntos es el éxito

Henry Ford

Un hombre exitoso es el que es capaz de construir algo con los ladrillos que otros le han tirado

David Brinkley

El éxito consiste en ir de fracaso a fracaso sin perder el entusiasmo

Winston Churchill

El éxito es un malísimo profesor. Seduce a las personas inteligentes para que piensen que no pueden perder

Bill Gates

Todo lo que se necesita en esta vida es ignorancia y confianza; así el éxito estará asegurado

Mark Twain

El termómetro del éxito no es más que la envidia de los descontentos

Salvador Dalí

Estudiando el tema

Lectura enfocada

A. Mientras lea el artículo *Claves del éxito: educación o experiencia profesional* escriba en la siguiente tabla una lista de los argumentos presentados en ambos lados del debate.

Cualificación académica	Experiencia práctica
•	•
•	•
•	•
•	•

Cualificación académica	Experiencia práctica
•	•
•	•
•	•

B. Verifique la pronunciación de las palabras desconocidas del texto al escuchar la grabación del audio 6.1.

Claves del éxito: Educación o experiencia profesional

José Roberto Morales, Ecuador

La sabiduría no es producto de la escolarización, sino de un intento a lo largo de la vida de adquirirla

Alfred Einstein, musicólogo estadounidense

Desde un punto de vista social, la adquisición de conocimiento ha sido una de las prioridades humanas ya que, bien de forma natural o en contextos más formales, el conocimiento acciona poder sobre el medio. Como Theodore Roosevelt irónicamente sugirió: «Un hombre que nunca ha ido a la escuela podría robar de un vagón de carga, pero si tuviese una educación universitaria, podría robar el tren entero».[1] Con esto se deduce que el conocimiento y la educación, entendida como la transmisión de tales conocimientos, podría bien considerarse uno de los factores determinantes del éxito.

En las últimas décadas, el nivel de educación ha aumentado exponencialmente en el mundo y especialmente en los países de Latinoamérica. Así, por ejemplo, la alfabetización se ha incrementado notoriamente en Ecuador, donde de acuerdo a los últimos datos publicados por la UNESCO ha alcanzado el 94,35%, ligeramente por encima del 92,5% brasileño y otros países como Cuba, cuenta con uno de los niveles más altos del mundo (99,80%) seguidos de Uruguay (98, 50%), Argentina (98,10 %), Costa Rica (97, 80%), Chile (97,50 %), Venezuela (96,30 %) o México (95,10%).[2]

Si bien la alfabetización y el acceso a estudios superiores no son lo mismo, lo primero es un requisito para lo segundo, y se ha observado que ambos impactan muchos otros factores sociales tales como la igualdad étnica o de género, la salud, la reducción del matrimonio infantil, la participación política y el establecimiento de la paz, además del crecimiento económico y, en general, las posibilidades de tener una vida más cómoda y saludable.[3]

En cuanto a la adquisición de conocimiento a nivel superior, las estadísticas no se presentan tan prometedoras, puesto que las personas con un nivel universitario mínimo forman aún una minoría social en gran parte del mundo en la que la educación a nivel superior sigue considerándose un privilegio y un medio de acceso a puestos laborales y sociales más satisfactorios. Dado el vínculo entre la educación y el desarrollo, muchos gobiernos y organizaciones sin fines de lucro perciben la educación como un agente de progreso y ven en la formación de los pueblos un garante del éxito individual, familiar y de poblaciones enteras.[4] La Organización para la Cooperación y el Desarrollo Económicos (OCDE) solo contempla en su listado de países "más educados del mundo" a aquellos con mayor porcentaje de personas entre las edades de 25 y 64 años que han completado algún tipo de educación terciaria en la forma de un título de dos o cuatro años o un programa vocacional. En esta lista aparecen en los primeros puestos Canadá, Japón, Israel y Corea de Sur, seguidos del Reino Unido y los Estados Unidos y, entre los países latinoamericanos, solo se incluyen tres: Costa Rica, Colombia y México.[5]

Sin embargo, la preparación académica no puede considerarse el único elemento para pronosticar el éxito—incluido el laboral—puesto que, junto al conocimiento, la experiencia también desempeña un gran rol. Las empresas, una vez saciada la necesidad de titulados, comienzan a hacer una selección más exhaustiva a través de la experiencia laboral del solicitante, por lo que una exclusiva preparación teórica llega a hacerse inviable sin conocimientos más activos de la materia, existiendo una laguna que la educación ha tratado de suplir a través de programas profesionales o de carreras técnicas, prácticas y pasantías que enriquezcan los programas universitarios y aporten empleados al mercado laboral con al menos una incipiente experiencia en el sector.

Por otro lado, el grado de acceso a la formación académica se ve arduamente afectado en relación al sistema educativo de cada país y a su costo. Lógicamente, cuando la educación universitaria es pública o gratuita, la minoría de personas estudiosas suele ampliarse y, por tanto, aumenta de igual modo el número de solicitantes a los diversos puestos de trabajo disponibles, lo que provoca una selección más exhaustiva de los candidatos, donde otros valores entran en juego tales como la experiencia, la familiaridad con el solicitante o incluso los estudios adicionales. De esta manera, la importancia del conocimiento y la experiencia van variando de acuerdo a la oferta y la demanda, y cuando la demanda apremia, las empresas emplean sus esfuerzos en cursos de preparación para sus empleados o en la oferta de becas que favorezcan una continuidad en la formación de acuerdo a las necesidades que atañan a la empresa, como se aprecia en el caso de varios países latinoamericanos, donde se considera un esfuerzo por impulsar las carreras técnicas en los últimos años.[6]

Sin embargo, además del costo de la matriculación, hay otros factores sociales y económicos que también deben tenerse en cuenta. Generalmente el conocimiento aporta distinción y apoya el avance profesional, en muchos casos independientemente del campo de estudio. Además, hay beneficios intrínsecos, ya que una educación universitaria suele proporcionar habilidades de investigación y destrezas comunicativas que se pueden aplicar a muchas disciplinas y circunstancias, que son necesarias en cualquier tipo de profesión y deseables para el mantenimiento de una sociedad democrática.

Desde otro punto de vista, sin embargo, hay quienes sostienen que el grado de educación formal es irrelevante puesto que el éxito llega como producto de la suerte, las condiciones favorables o el talento de una persona. Ciertamente, millones de jóvenes en todo el mundo nunca alcanzarán la oportunidad de obtener una educación universitaria, no obstante, muchos obtendrán grandes éxitos en su entorno y algunos marcarán hitos fácilmente envidiados por grandes académicos. Así sucede en numerosos casos de famosos millonarios que no asistieron a la universidad o nunca se graduaron de ella, inclusive de la escuela secundaria y algunas fuentes citan cifras que rondan el 30%.[7]

Al mismo tiempo, muchas personas opinan que el éxito real no está asociado a la educación y que esto se ve realmente reflejado en la sociedad: los modelos juveniles suelen ser celebridades de la industria de la moda y el cine o la música, al igual que muchos deportistas de élite, que consiguen fama y amasan grandes fortunas sin haber pisado un aula de clase. Otro argumento que se esgrima en contra de la necesidad de cualificaciones académicas es la filosofía de que la educación formal ahoga la creatividad y fomenta comportamientos más rígidos, intransigentes e inflexibles.[8]

La cualificación académica no es extenuante del despido ante las crisis financieras y la sobrecualificación de individuos masifica los empleos que en una economía global perjudicial se traduce en una masa de personas sobrecualificadas con títulos avanzados menos dispuestos a trabajar como mano de obra no cualificada cuando sea preciso. Y en múltiples ocasiones, las calificaciones académicas rara vez tienen relevancia para los trabajos en los que los graduados terminan empleados.

Por otra parte, y según señala la directora internacional de desarrollo de negocio de una importante red profesional: "el 75% de las profesiones del futuro aún no existen o se están creando", situándose la mayoría de ellas dentro del ámbito de las tecnologías de la información.[9] Obviamente, si los empleos del futuro no existen, la universidad no puede preparar a los alumnos para puestos que aún no han sido creados ni concebidos y este aspecto podría llevar a muchos a considerar la obsolescencia de los estudios universitarios. Cierto es que el mundo laboral está en constante evolución y es imposible que los centros educativos mantengan el mismo ritmo para que los conocimientos que se imparten no queden anticuados antes o al poco de que se gradúen los estudiantes, por lo que el papel de la educación tiene que conllevar un elemento de autoaprendizaje que aporte vitalidad y continuación a la formación que se reciba. Además de esto, algunos detractores de tradición educativa apuntan que la educación formal tampoco sirve de aval moral, es decir, una educación elevada o un brillante expediente académico no garantiza que el individuo vaya a ser más amable o mejor persona en su entorno, e incluso algunos autores afirman que "la permanencia en el sistema educativo parece que pueda tener algunos efectos negativos en la autoestima de los individuos".[10]

Los gobiernos y las organizaciones sin fines de lucro en todo el mundo continúan presionando para mejorar el acceso y la calidad de la educación sobre la base del supuesto de que la educación superior brinda más oportunidades en la vida. ¿Es correcta en esta suposición o hay otros factores y mejores predictores del éxito? Puesto que el concepto de éxito, incluso el éxito profesional, no se puede reducir al ámbito educativo, sino que abarca múltiples facetas de una vida satisfactoria en la que las relaciones personales cumplen de igual modo una función esencial, y aunque bien se acepta que la cualificación académica no garantiza el éxito, los hispanos, junto con otras culturas, generalmente la reconocen como ventaja.[11] Y a medida que siga habiendo avances en la alfabetización de los pueblos y las generaciones más jóvenes en el mundo desarrollado lleguen a estar cada vez más instruidas, ¿diluye esto el valor de una educación superior universitaria o hace que sea más importante obtenerla?

Notas

1. Sarah Romero, "Frases sobre educación", Muy Interesante, 3 de octubre de 2019, https://www.muyinteresante.es/cultura/arte-cultura/articulo/ocho-frases-sobre-educacion.
2. "Mapa comparativo de países: Tasa de alfabetización—Sudamérica", Indexmundi, https://www.indexmundi.com/map/?v=39&r=sa&l=es.
3. Datos obtenidos a través de la página web de la UNESCO en Santiago, Regional Bureau for Education in Latin America and the Caribbean National Office to Chile y del World Population Review "Most Educated Countries 2022".
4. "Cuáles son los 10 países con más universitarios del mundo (y cuáles son los primeros de América Latina)", *BBC News Mundo*, 15 de agosto de 2018.
5. Ariel Fiszbein, María Oviedo y Sarah Stanton, "Educación técnica y formación profesional en América Latina y el Caribe: Desafíos y oportunidades", Banco de Desarrollo de América Latina: Corporación Andina de Fomento, Scioteca, 2018, https://scioteca.caf.com/handle/123456789/1345.
6. Lucinda Shen, "You'd Be Surprised How Many Billionaires Don't Have a College Degree", *Fortune*, 8 de agosto de 2016, https://fortune.com/2016/08/08/billionaires-no-degree/.
7. Abigail Hess, "10 ultra-successful millionaire and billionaire college dropouts", Make It, 10 de mayo de 2017, https://www.cnbc.com/2017/05/10/10-ultra-successful-millionaire-and-billionaire-college-dropouts.html.
8. Mayte Rius, "¿La escuela mata la creatividad?" *La Vanguardia*, 3 de febrero de 2012, https://www.lavanguardia.com/estilos-de-vida/20120203/54247867713/la-escuela-mata-la-creatividad.html.
9. Alba Freire, "El 75% de las profesiones del futuro aún no existen o se están creando", *El Economista*, 10 de abril de 2014, https://www.eleconomista.es/gestion-empresarial/noticias/5695373/04/14/El-75-de-las-profesiones-del

-futuro-aun-no-existen-o-se-estan-creando .html.

10. Joaquím Casal Bataller, Jordi Planas Coll y Josep M. Masjuan Codina, *La inserción social y profesional de los jóvenes* (Madrid: Ministerio de Educación y Ciencia, 1991), 335.

11. Laia Menestres, "Las competencias profesionales en el mercado laboral", educaweb, 28 de marzo de 2011, https://www.educaweb.com /noticia/2011/03/28/competencias-profesionales -mercado-laboral-4698/.

Comprensión de la lectura

A continuación, indique si las siguientes declaraciones son ciertas o falsas de acuerdo con la lectura anterior. Modifique aquellas que presentan información errónea para que sean correctas, tomando como referencia la información presentada en el texto.

1. Lo que se aprende de la frase de Einstein es que no necesariamente se hace sabio quien culmina una educación académica, sino quien persiste cultivándose a lo largo de su vida.
2. La alfabetización forma una parte esencial del éxito académico y eventualmente del desarrollo económico de una nación.
3. No existe una correlación entre las cualificaciones académicas y la alfabetización y una mejoría en los casos relacionados con género, etnia, salud, política y economía.
4. Entre las naciones más educadas del mundo, se ha registrado un crecimiento inesperado en el número de países latinoamericanos en la última década.
5. En la actualidad, los jóvenes persiguen cualquier asistencia financiera en las universidades (becas, subsidios y préstamos) en vez de riquezas obtenidas a través de la fama.
6. El artículo hace referencia a casos de profesionales que al perseguir una carrera en el exterior han perdido importantes oportunidades en sus países de origen.
7. El autor advierte sobre lo difícil que es alcanzar un alto estatus laboral sin tener por lo menos cierta experiencia antes de o al culminar estudios en la escuela secundaria.
8. Uno de los factores más importantes al momento de seleccionar candidatos para un puesto de trabajo son las calificaciones que los mismos hayan recibido en sus cursos universitarios.
9. Los promotores de las cualificaciones académicas admiten que, dependiendo de la definición que se tenga de éxito, la educación podría definitivamente incrementar las probabilidades de un futuro brillante.
10. Estados Unidos encabeza la lista más reciente de los países en la lucha contra el analfabetismo.

Dominio del vocabulario

Vocabulario activo de colocaciones	
Educación académica	**General**
1. el avance profesional	1. amasar una fortuna
2. la ayuda financiera	2. el ámbito de la tecnología
3. las calificaciones académicas	3. aumentar exponencialmente
4. las carreras técnicas	4. los beneficios intrínsecos
5. las cualificaciones académicas	5. brindar oportunidades
6. la educación superior	6. el crecimiento económico
7. la educación terciaria	7. el éxito rotundo
8. el expediente académico	8. el factor determinante
9. la graduación del alumnado	9. impactar factores sociales
10. el logro académico	10. la mano de obra cualificada
11. las prácticas remuneradas	11. marcar un hito
12. los programas profesionales	12. el mercado laboral
13. el sistema educativo	13. la prosperidad económica
14. la tasa de alfabetización	14. el resultado favorable
15. la transmisión de conocimiento	15. el trabajo remunerado

Expansión del vocabulario

A. Complete el mapa mental iniciado en la sección **Creación de mapas conceptuales** usando el vocabulario activo de colocaciones presentado previamente. Para poder hacerlo, posiblemente será necesario expandir sus asociogramas añadiendo nuevas casillas y conexiones.

B. En el sitio web *Corpus del español* (https://www.corpusdelespanol.org/web-dial/) se encuentran las colocaciones más frecuentemente asociadas con las palabras enumeradas en el siguiente cuadro (columna izquierda). Búsquelas (pueden ser verbos, adjetivos o sustantivos) utilizando el enlace y haciendo clic en *Browse*. En la casilla en blanco, a la derecha de *Word form*, escriba cada palabra de la lista a continuación y haga clic en *Find words* para completar la siguiente tabla con las colocaciones asociadas con cada palabra:

Educación y éxito	Colocaciones correspondientes		
1. Carrera	a. estudiar	b. cursar	c. egresar
2. Éxito	a.	b.	c.
3. Beneficio	a.	b.	c.
4. Admisión	a.	b.	c.
5. Progreso	a.	b.	c.
6. Cualificación	a.	b.	c.
7. Valor	a.	b.	c.
8. Ventaja	a.	b.	c.
9. Fracaso	a.	b.	c.
10. Proyecto	a.	b.	c.

C. Elija cinco colocaciones de la actividad anterior relacionadas con la educación y el éxito. Escriba una oración para cada colocación a favor o en contra de ingresar a la fuerza laboral de inmediato en lugar de lograr un título universitario.

1. ______________________________
2. ______________________________
3. ______________________________
4. ______________________________
5. ______________________________

D. Utilice el banco de palabras siguiente y complete los espacios en blanco en el párrafo posterior.

Banco de palabras		
educación superior	beneficios intrínsecos	factor determinante
avance profesional	expediente académico	brindan oportunidades
calificaciones académicas	mercado laboral	éxito profesional
mano de obra cualificada	prosperidad económica	prácticas remuneradas

Algunos creen que una (1) ______ no es suficiente para asegurar el (2) ______a pesar de que se termine con un (3) ______brillante. En muchos países hispanos es difícil entrar al (4) ______sin poseer experiencia previa y en muchos casos la sobre abundancia de (5) ______ incrementa los requisitos que se solicitan para cualquier tipo de empleo y detienen el (6) ______. Otro (7) ______en la preparación académica es la adquisición de experiencia, puesto que muchas carreras no (8) ______de aplicar de forma práctica lo que se estudia y la oportunidad de contar con (9) ______es muy escasa. Sin embargo, los (10) ______de adquirir una educación formal van más allá de las (11) ______ o de la (12) ______ personal, pues como dice un conocido refrán "el saber no quita lugar".

Exploración del significado

A. Escriba tantas colocaciones de vocabulario activo como sea posible y que se puedan usar en una carta de presentación para solicitar un empleo o la entrada en la universidad. Algunas colocaciones pueden caer en ambas categorías.

Solicitud universitaria	Solicitud laboral
•	•
•	•
•	•
•	•
•	•
•	•

B. Con un/a compañero/a, haga una entrevista con un oficial de admisiones universitarias o un oficial de recursos humanos utilizando las colocaciones de vocabulario activo de una de las columnas anteriores. Túrnense para ser el entrevistador y el entrevistado.

C. Parafrasee las siguientes oraciones usando las colocaciones de vocabulario activo que aparecen entre paréntesis:

1. Mi mejor amigo va a tener que pedir un préstamo para pagar sus estudios. (solicitar ayuda financiera)
2. Las carreras tecnológicas han sufrido un gran cambio en la última década. (ámbito de la tecnología)
3. El sistema educativo chileno está caracterizado por la destacada participación de las instituciones privadas en la universidad. (enseñanza terciaria)
4. El deseo de salir bien en los estudios generalmente se asocia con aspiraciones a un estatus social más alto. (estar vinculado a)
5. Según la ética laboral protestante, la riqueza espiritual y la riqueza material van de la mano. (prosperidad financiera)
6. Las historias de éxito de personas que nunca adquirieron una educación superior pueden disminuir la importancia de la educación en la sociedad moderna. (diluir el valor de)
7. No se puede llevar a cabo un proyecto de esta magnitud sólo para logar un avance en una carrera. (marcar un hito)
8. Pocos creían que el proyecto sería exitoso. (resultado favorable)
9. La alfabetización de los pueblos ha crecido mucho. (aumentar exponencialmente)
10. La carrera hacia el éxito proviene del deseo de mejorar las circunstancias en las que se ha nacido. (estar profundamente arraigado en)

Comentando el artículo

Con un/a compañero/a, conteste las siguientes preguntas, usando el vocabulario y las colocaciones de vocabulario activo para responder las siguientes preguntas.

1. ¿Por qué la educación de las masas aportaría beneficios sociales a un país?
2. ¿Qué relación hay entre la alfabetización y la educación académica?
3. ¿Qué se puede hacer para evitar el aumento de la deuda educativa en todo el mundo?
4. ¿Por qué las naciones en vías de desarrollo están en desventaja en cuando a la formación académica de sus ciudadanos?
5. ¿Qué es la "fuga de cerebros"? ¿Cómo puede evitarse, especialmente por parte de las naciones en vías de desarrollo?
6. ¿Hay formas objetivas de definir el *éxito*? En caso afirmativo, ¿cuáles son? Si no, ¿por qué no? ¿Debería identificarse el éxito con la acumulación de riqueza y/o prestigio? ¿Por qué o por qué no?
7. ¿Es más probable que las personas logren el *éxito* con o sin educación formal?
8. ¿Cómo da poder el conocimiento? ¿En qué maneras no es así?
9. ¿Qué es más importante en el mercado laboral: la cualificación académica o la experiencia laboral?
10. ¿Hay demasiadas personas sobrecualificadas en la fuerza laboral en su zona? ¿Se beneficiaría la fuerza laboral de más o menos personas con formación universitaria? Apoye su opinión.

Construcción del discurso crítico

Reconociendo las falacias

A. En el tema 5 se revisaron las cinco falacias lógicas que podrían ocurrir en la argumentación de un debate. En esta unidad se presentarán cinco estrategias más que son igualmente débiles y sus características distintivas.

Explicación	Ejemplo
Argumentum ad logicam o falacia del hombre de paja	
Tergiversar la posición del oponente para rebatirlo.	*Los creacionistas no creen que los animales cambian, pero, obviamente, sí cambian. Por lo tanto, los creacionistas se equivocan.*

Explicación	Ejemplo
Apelar a los sentimientos	
Manipular los sentimientos en lugar de usar la lógica válida para ganar un argumento.	*Ud. no me puede reprobar porque mis padres se enojarán.*
Petición de principio	
Consiste en tratar de manifestar una proposición sin que la premisa haya sido probada.	*Yo sé que existe Dios porque está escrito en la Santa Biblia, y sé que la Biblia es la verdad porque fue escrita por Dios.*
Y/O	
Declarar la veracidad de una opinión basada en evidencia insuficiente o limitada.	*Yo vi dos iguanas blancas en México, por ello, todas las iguanas de México han de ser blancas.*
Falacia de causa-efecto	
Asumir falsamente que un evento causó el otro.	*Cuantos más bomberos combatan el incendio, más grande ha de ser tal incendio. Los bomberos empeoran los incendios.*

B. Lea las siguientes oraciones para determinar si son lógicas o erróneas. Si decide que son erróneas, identifique qué clase de lógica representa la oración según la tabla en sección A.

1. Los profesores quieren que Ud. piense que no puede lograr el éxito académico sin terminar un doctorado. Yo declaro que no pueden tener razón.
2. Tras muchos años, más mujeres han cursado una carrera académica, y simultáneamente ha habido un desplome de la economía. La educación de la mujer ha contribuido a la caída de nuestra nación.
3. Según las estadísticas, por lo general, quienes se titulan ganan más dinero que los que no lo hacen.
4. Para ser rico y famoso, se tienen que abandonar los estudios prematuramente o tener una red establecida de buenos contactos en la fuerza laboral.

5. Si se tiene amigos en las altas esferas, apenas se necesita obtener una titulación académica para conseguir un buen trabajo. Por lo visto, lo que más importa no es lo que se conoce sino a quién se conoce.
6. "Trabajo muy duro todos los días para pagarte la matrícula y darte las oportunidades que yo nunca tuve. Si no vas a la universidad, vas a romperme el corazón".
7. Con tantas personas que obtienen un título académico hoy día, hay menos gente dispuesta a hacer el trabajo manual, tal como la limpieza o la jardinería.
8. "Daniel le puede confirmar qué buen empleado soy, y por qué me merezco un aumento de sueldo. Si no conoce bien a Daniel, yo mismo puedo dar fe de su buen carácter".

Formación de hipótesis

A. Estudie el siguiente fragmento del libro Utopía, escrito por Tomas Moro y publicado en 1516. En su argumentación de una sociedad perfecta, ¿qué propone el autor como modelo de una educación ideal?

> Cierto que en cada ciudad solo unos pocos son liberados de los trabajos materiales para dedicarse al estudio. Son aquellos que, como he dicho, desde la infancia manifiestan cualidades sobresalientes, talento poderoso y vocación por la ciencia. Pero no por ello se deja de dar una educación liberal a todos los niños. Por su parte, casi todos los ciudadanos, hombres y mujeres, consagran al estudio durante toda su vida las horas que, como ya hemos dicho, les quedan libres. Aprenden las ciencias en su propia lengua, que es rica, armoniosa y fiel intérprete del pensamiento. Esta se habla, más o menos adulterada, en una vasta extensión de aquella parte del globo.

B. Con el modelo para formular una hipótesis, responda a las preguntas basándose en la visión de Moro con respecto a la educación.

1. ¿Qué cambios habrían ocurrido en la historia mundial si se hubiera sido implementado el modelo de Moro en el año 1516? ¿Cómo se vería el mundo ahora si se hubiera adoptado esa filosofía?
2. ¿Qué pasaría si una sociedad intentara implementar ahora la visión de educación que propone Moro?
3. Si algún día se llevaran a cabo las ideas de Tomás Moro, ¿cómo afectarían a los países de hoy, en particular, y por lo general a la comunidad global (especialmente tomando en cuenta la cita anterior sobre la educación en su propia lengua)?

Debate de práctica

Escoja un rol para representar usando por lo menos 10 palabras activas del vocabulario activo de colocaciones por persona.

Contexto: El Consejo Municipal tiene una reunión con los representantes de la comunidad. Se desea discutir la creación de una organización sin ánimo de lucro que recolecte donaciones con el fin de dar una beca a los alumnos más brillantes (sin tener en cuenta la necesidad financiera) y así ayudarles a tener éxito en el futuro.

Personaje A: El dueño de una compañía que cree que el desempeño académico no determina el éxito futuro de un alumno. Como resultado, se opone a la creación de la beca y a que su compañía haga donación alguna a la causa.

Personaje B: A pesar de la riqueza de su filantrópica familia, este representante cree que el éxito es consecuencia del trabajo duro y, por eso, apoya. Por eso, apoya la idea de crear dicha beca.

Personaje C: Un representante de la clase media que cree que todo el mundo debería tener la oportunidad de cursar una carrera universitaria; por lo tanto está a favor de la creación de la beca.

Personaje D: Un representante sin recursos que no cree que una beca para la comunidad ayude a sacar a la gente de la pobreza. Cree que el destino de los pobres es ganarse la vida trabajando duro y que no se puede gastar tiempo en la educación académica.

Comprensión auditiva

Preparación

Antes de escuchar el archivo de audio, complete la siguiente tabla con predicciones sobre los argumentos que crea que va a escuchar.

La preparación académica como clave del éxito	La experiencia laboral como clave del éxito
•	•
•	•
•	•
•	•

La preparación académica como clave del éxito	La experiencia laboral como clave del éxito
•	•
•	•
•	•

Mientras se escucha

A. Atienda a la comprensión general: escuche el archivo de audio 6.2 y ponga una marca junto a los argumentos que aparecen en la tabla del ejercicio anterior para, a continuación, añadir los argumentos adicionales que faltaban en su tabla.

B. Preste atención a los detalles específicos: escuche de nuevo el archivo de audio y clasifique los argumentos que enumeró en la tabla anterior como "fuertes" o "débiles". Proponga, seguidamente, formas de mejorar o fortalecer los argumentos que etiquetó como "débiles".

Después de escuchar

A. ¿De qué lado cree que se presenta un argumento más persuasivo? Apoye su opinión citando el argumento más fuerte que se presente.

B. En cada debate, alguien tiene la última palabra. Prediga la respuesta del lado opuesto ante el último argumento escuchado.

Construyendo el argumento: el proceso escrito

Escribir un ensayo de opinión

Escriba un ensayo persuasivo o de opinión sobre el tema del debate: educación versus experiencia profesional. Una vez terminado, observe las siguientes pautas para revisar su ensayo.

Revisión del ensayo

1. Considere el contenido y la organización del ensayo antes de corregir los errores lingüísticos y la estructura de las oraciones.
2. Esté abierto a la posibilidad de que su borrador final pueda diferir significativamente de su versión inicial. La revisión a menudo significa desechar ideas que no son relevantes o reelaborar ideas que no están completamente desarrolladas.
3. Subraye las oraciones temáticas (o principales) en cada párrafo. Si faltara una oración temática, redacte una.
4. Resalte la declaración de su tesis en la introducción y la declaración reformulada de la tesis en la conclusión. Vuelva a leer las oraciones temáticas que subrayó anteriormente y asegúrese de que apoyen su tesis.
5. Considere el orden en que aparecen sus párrafos. Compruebe la lógica detrás de la organización de su ensayo y la secuencia de ideas.
6. Asegúrese de que la evidencia se ajuste a sus proposiciones. Sin datos, los argumentos son meramente declaraciones de opinión.
7. Asegúrese de que su ensayo trate efectivamente un contraargumento significativo. Si no aborda el argumento contrario, puede perder credibilidad con su lector.
8. Revise su artículo en busca de errores gramaticales, ortográficos y de vocabulario.

Lea el siguiente ensayo y evalúelo siguiendo los pasos anteriores. ¿Qué mejoras se podrían hacer al artículo?

¿Estudiar o trabajar?: más allá de las "mentes Zuckerberg" (ensayo de opinión)

Gina Villalobos—Perú

La preparación profesional es algo que preocupa a los jóvenes desde hace años y en estos tiempos, los mileniales (personas nacidas en las dos últimas décadas del siglo XX), al encontrarse en momentos de transición y decisión, han de juzgar si un ámbito no-académico será la opción que los llevará a alcanzar sus sueños o si tendrán que seguir la vía de la educación superior establecida por las instituciones desde hace siglos. El éxito alcanzado por empresarios como Mark Zuckerberg y Bill Gates, ha influido en la percepción de la necesidad (o no) de la formación académica entre algunos grupos universitarios, pero hay que establecer que la educación superior no se debe limitar a la obtención de un diploma, sino que trasciende a ofrecer la oportunidad de ensanchar el aprendizaje individual, a desarrollar habilidades en una especialización y, sobre todo, a aprender a solucionar los obstáculos que nos depare la vida a través del pensamiento crítico. Todo esto en conjunto traerá como resultado un progreso individual y también un avance comunitario.[1]

Sin embargo, en la época actual, la aparición de un mercado emergente como el de la tecnología y otras nuevas oportunidades, comenzaron a tener más auge entre los jóvenes mileniales. No es exagerado apuntar que esta generación se enfrenta a nuevas opciones para obtener un futuro sin la presión de asistir a una universidad.[2] De hecho, en un estudio de 2012 se observó que, solo un 58 por ciento de los estudiantes que comenzaron en el otoño del año vigente, completaron sus estudios seis años después, por lo que se deduce que los restantes tomaron distintos rumbos en busca de diversas maneras de superación personal.[3,4] Dos ejemplos que han servido de inspiración, o de lo contrario, más bien de excusa, para justificar una relegación educacional superior son Mark Zuckerberg y Bill Gates. La evidencia del "éxito zuckerbergino", por llamarlo así, se basa en que tanto Mark Zuckerberg como el magnate Bill Gates dejaron atrás las formaciones académicas para triunfar en el mundo de los negocios, específicamente la tecnología.[5] Coincidentemente, ambos provenientes de la distinguida Universidad de Harvard, abandonaron los estudios superiores con la finalidad de seguir sus sueños: uno como creador de Facebook y otro como fundador de la empresa Microsoft, ambas con un valor neto de cientos de millones de dólares.[6,7] Con estos ejemplos, es posible que muchos caigan bajo el hechizo de alcanzar una suerte equivalente y argumenten que no vale la pena invertir grandes sumas de dinero en una educación superior y determinar que el mercado laboral, una vez concluidos los estudios secundarios, es la manera más rápida y efectiva de establecer una carrera. No hay duda de que este esquema resulta atractivo, y, por otro lado, no se debe negar la existencia de situaciones socioeconómicas o familiares a las que muchos se enfrentan y que les obligan a abandonar los estudios universitarios.

No obstante, cabe resaltar que es a través de la educación superior académica que se ha generado y alcanzado un avance en las sociedades y naciones en sus diferentes sectores (culturales, económicos, científicos, etc.).[8] Aunque es bien sabido que el magnate de Facebook dejó la universidad, es importante recalcar que esa disrupción educativa no se suspendió completamente; por el contrario, él se convirtió en autodidacta al continuar investigando incesantemente el desarrollo de sus proyectos.[9] Por lo tanto, para poder ejecutar sus planes fue menester que él pasara de una educación académica formal a una formación individual. Con esto, podríamos deducir que, para tomar los mismos pasos de ambos personajes, es de suma importancia contraer el compromiso de continuar los estudios superiores en alguna manera y tener presente que estos emprendedores en realidad nunca dejaron de estudiar y que ellos son solamente una minoría excepcional. Para las "mentes Zuckerberg" o aquellos que quieran seguir sus pasos, la importancia de una educación académica es aún primordial, tanto por el desarrollo personal que conlleva como el avance social y económico que impulsa y afecta a toda una colectividad.[10]

Además de las ventajas laborales y de progreso, acudir a las instituciones del saber ha demostrado otros beneficios personales a nivel social, de profesionalidad e incluso de salud. Por ejemplo, según algunos estudios, el recorrer el camino académico junto a otros puede brindar amistades y conexiones profesionales de gran valía, llegándose a crear estrechos vínculos y a abrir las puertas a una efectiva red de contactos y recomendaciones de por vida. Es más, esas relaciones humanas y el tipo de empleos que suelen recibir quienes completan una carrera, también afectan la autopercepción del trabajador y así, las personas que obtienen títulos universitarios, por lo general, no se consideran meros empleados de "mano de obra" sino que se ven como profesionales titulados, lo cual implica que se disfrute mucho más la labor que se desempeña y, al conseguirlo en grupo, esa autoimagen se ve reforzada aún más con una seña de identidad y de cohesión.[11] Esta percepción también puede considerarse parte de la forma de vida, como avala una investigación reciente, en la que se demuestra que las personas con carrera universitaria tienen una mayor esperanza de vida que aquellos con un nivel educativo menor. En gran medida, esto se debe al estilo de vida más saludable de quienes han realizado estudios universitarios, puesto que suelen obtener un mejor trabajo que les permite comer más saludablemente y tener más tiempo para hacer ejercicio, además de ser menos propensos a fumar o sufrir de sobrepeso o depresión.[12] A la vez y opuestamente se podría argumentar que el nivel de estrés y estilo de una vida universitaria genera todo lo contrario a los resultados del estudio anterior; por esta razón, la importancia de valorar y llevar a cabo dichos estudios con la verdadera intención de mejorar como individuo y colectivamente puede ser gratificante en vez de estresante.

En conclusión, los trabajos que carecen de una formación superior pueden presentar un lado atractivo y, a lo largo de la historia, muchos emprendedores han logrado grandes fortunas sin pisar un aula universitaria. Sin embargo, el porcentaje de estas mentes "zuckerberginas" es ínfimo. A la gran mayoría, el aprendizaje académico le otorgará el mejor de los diplomas: una mente lista para resolver y edificar el complejo mundo que habitamos.

Notas

1. Roger H. Garrison, *The Adventure of Learning in College* (New York: Harper & Brothers, 1959).
2. Deanne Tockey, "The Top Industries Gaining and Losing Millennials, According to LinkedIn Data", LinkedIn Talent Blog, 31 de julio de 2017, https://business.linkedin.com/talent-solutions/blog/trends-and-research/2017/top-industries-gaining-and-losing-millennials.
3. Elissa Nadworny, "College Completion Rates Are Up, But The Numbers Will Still Surprise You", *NPR*, 13 de marzo de 2019, https://www.npr.org/2019/03/13/681621047/college-completion-rates-are-up-but-the-numbers-will-still-surprise-you.
4. Paul Fain, "New Data on the 36 Million Americans Who Left College Without a Credential", 31 de octubre de 2019, https://www

.insidehighered.com/news/2019/10/31/new-data-36-million-americans-who-left-college-without-credential.

5. "Mark Zuckerberg: Las Mejores Frases Del Fundador De Facebook", OkDiario.com, 22 de agosto de 2019, https://okdiario.com/curiosidades/mejores-frases-mark-zuckerberg-4409302.
6. "Bill Gates Biography", Biography.com, 8 de abril de 2020, https://www.biography.com/business-figure/bill-gates. (Hay que tener en cuenta que un billón en español equivale a "one trillion" en inglês.)
7. "Bil Gates", Forbes Magazine, último acceso el 5 de agosto de 2020.
8. José Narro Robles, Jaime Martuscelli Quintana y Eduardo Barzana García, "Capitulo 1", Plan Educativo Nacional, 2012.
9. Tomás Fernández y Elena Tamaro, "Mark Zuckerberg", Biografias y Vidas, 2004, https://www.biografiasyvidas.com/biografia/z/zuckerberg.htm.
10. Miguel Casas Armengol, "Nueva universidad ante la sociedad del conocimiento", *Revista de Universidad y Sociedad del Conocimiento* 2, no. 2 (2005).
11. Jaleesa Bustamante, "College Graduation Statistics [2020]: Total Graduates per Year", EducationData, 6 de agosto de 2019, https://educationdata.org/number-of-college-graduates/.
12. Miguel Requena, "La desigualdad ante la muerte: educación y esperanza de vida en España", Perspectives Demográfiques, abril de 2017, https://ced.uab.cat/PD/PerspectivesDemografiques006_ESP_EXTRA.pdf.

Construyendo el argumento: el proceso oral

Implementación de estrategias retóricas

A. Estudie la siguiente nota:

En este último capítulo, aplicamos las cinco estrategias retóricas cubiertas en los capítulos anteriores. Recuerde que estas estrategias son:

1. **Preguntas de conjetura (o ¿y si ...? preguntas)**: ¿qué pasaría si todo el mundo pudiera alcanzar un buen desempeño académico?
2. **Preguntas de definición**: ¿qué significa la expresión *ser educado*?
3. **La estrategia de causa-efecto**: ¿cuáles son los resultados de que una gran cantidad de gente pobre no reciba una educación formal?
4. **Preguntas de valoración**: ¿tiene el gobierno la responsabilidad moral de proveer una educación avanzada de alta calidad a todos los ciudadanos?
5. **Preguntas de procedimiento**: poniendo en consideración el incremento de los costos, ¿qué se puede hacer para que la educación superior sea más accesible?

B. Repase el texto y resalte las palabras y frases más importantes que Ud. puede usar para apoyar su argumento. Por ejemplo, si está defendiendo la opinión de que el trabajo y no la educación formal es la clave del éxito, busque las palabras y expresiones que apoyen su argumento, sin importar qué estrategia utilice.

C. Dé ejemplos de las cinco estrategias de debate cubiertas en las unidades 1-5. Aplique estas estrategias para apoyar su argumento o refutar el de la contraparte.

1. Preguntas de conjetura
2. Preguntas de definición
3. La estrategia de causa-efecto
4. Preguntas de valoración
5. Preguntas de procedimiento

D. Mientras se prepara para el debate, intente predecir qué declaraciones va a usar la contraparte para apoyar su argumento. Usted puede oponerse a estas declaraciones remarcando las debilidades en la implementación de tales ideas.

Repase el texto y haga una lista de cinco declaraciones que el oponente podría usar para apoyar su posición en el debate. Luego, enumere cómo argumentaría en contra de estas declaraciones. Intente aplicar todas las estrategias retóricas al responder a estos argumentos.

1. ______________________________
2. ______________________________
3. ______________________________
4. ______________________________
5. ______________________________

Cómo responder al tema

Utilice las siguientes expresiones para **llegar a un acuerdo**. Repase los temas e incorpórelos tanto en la tarea escrita como en la oral.

1. En relación a X, puedo afirmar que la mayoría de las personas está completamente de acuerdo en que...
2. Si bien X probablemente esté equivocado al afirmar que... es correcto decir que...
3. Aunque concuerdo con la posición de X con respecto a... también opino que el argumento Y sobre... tiene cierto carácter persuasivo porque...
4. Tanto X como Y tienen argumentos fuertes a favor de... y en contra de... pero probablemente doy mi apoyo a la opinión de que...
5. Debería admitirse que X tiene todo derecho de creer que... no obstante,... Y también tiene razón al afirmar que...

Cómo responder a las preguntas

Habrá momentos durante el debate en que **no puede responder a una pregunta en concreto**. En caso de que surja tal situación, puede utilizar alguna de las siguientes declaraciones:

- Desafortunadamente, no puedo responder esta pregunta.
- Lo siento mucho, pero prefiero no responder porque...
- Lamento no poder contestar su pregunta porque...
- Aunque este asunto merezca más atención, no creo poder darle la respuesta concreta en este momento.

Cómo defender el punto de vista

A. Presentación oral: Haga una presentación oral de 3-5 minutos defendiendo su posición sobre los temas. Después de practicar, grabe la presentación y escúchela. ¿Cuáles son las áreas en que necesita mejorar? Esté listo/a para dar su presentación ante la clase.

B. A debatir: Ha llegado el momento del debate. Sintetice todos los apuntes que apoyen sus argumentos, colocaciones de vocabulario activas y respuestas a los temas que se usarán durante el debate. ¡Ojo! Recuerde que estos apuntes sirven sólo como referencia y no los puede leer directamente durante el debate.

Reflexión

Autoevaluación

A. Reflexione sobre este tema que se acaba de debatir. Para ello, puntúe de 1 a 6 cómo considera su nivel de preparación para el debate.

1. Estaba preparado/a para el debate.
2. Estaba motivado/a para debatir este tema.
3. Me esforcé mucho en prepararme para debatir este tema.

1	2	3	4	5	6
Totalmente de acuerdo	De acuerdo	Parcialmente de acuerdo	Parcialmente en desacuerdo	En desacuerdo	Totalmente en desacuerdo

B. Si la mayoría de sus respuestas están en el lado derecho de la escala, ¿qué puede hacer para desplazarse hacia el lado izquierdo? Si la mayoría de sus respuestas están en el lado izquierdo de la escala, ¿qué puede hacer para mantenerse allí?

Repaso de vocabulario

Identifique diez colocaciones que haya aprendido y utilizado, prestando especial atención a las de mayor frecuencia de uso en esta unidad de estudio.

1. ______________________________
2. ______________________________
3. ______________________________
4. ______________________________
5. ______________________________
6. ______________________________
7. ______________________________
8. ______________________________
9. ______________________________
10. ______________________________

Apéndice A

ESTRUCTURACIÓN DE UN DEBATE

Fundamentación

Aunque podrían aplicarse diversos formatos de debate a los temas presentados en este libro de texto, puesto que en general, los alumnos norteamericanos están más familiarizados con el llamado "debate parlamentario", o las versiones específicas de cada región, las instrucciones y los métodos que se exponen a continuación reflejan dicho estilo.

Equipos y funciones

Para organizar y dirigir un debate en su aula, los autores recomiendan el siguiente protocolo:

1. Divida la clase en dos equipos: uno que presenta la proposición (a favor de una moción) y el otro la oposición (en contra de la moción). Tradicionalmente, se compite en equipos de cuatro personas; sin embargo, este número puede variar en función del tamaño de la clase.
2. Decida qué lado de un determinado debate va a tomar tanto la proposición como la oposición.
3. La proposición comienza cada debate enmarcando una moción con frases del tipo: "*Esta Cámara cree...*" o "*Esta Cámara propone...*". Por ejemplo, si la moción es "*Esta Cámara cree que los gobiernos deberían implementar leyes para la redistribución de la riqueza*", los alumnos que presenten la proposición (o representen al "Gobierno") deberían explicar por qué es necesario imponer una forma de redistribución de riqueza y la oposición debería demostrar por qué no lo es. Del mismo modo, el gobierno debe proponer una línea de acción y apoyarla con argumentos filosóficos que sean prácticos y consecuentes. La responsabilidad de la propuesta recae en el gobierno, pero la oposición también debe demostrar la solidez de sus argumentos contrarios.*
4. La participación o discursos individuales se alternan entre la proposición y la oposición y pueden variar en duración, por ejemplo, de cuatro a siete minutos, dependiendo del tamaño de la clase o del tiempo dedicado a esta práctica. En el debate de estilo parlamentario se aceptan algunos comportamientos tales como golpes en la mesa o aplausos y señalan al orador que los miembros del equipo aprueban lo que se está diciendo.
5. Después del primer minuto y antes del último de un discurso, cualquier miembro del equipo contrario puede ofrecer un argumento o hacer una pregunta. Esto se conoce como ofrecer "puntos de información". Por ejemplo, cuando un miembro del equipo de la proposición esté hablando, cualquier miembro del equipo de la oposición puede

ponerse de pie para ofrecer un punto de información. Lo mismo sucedería cuando los papeles sean inversos. Los profesores o alumnos que actúen como jueces son responsables de controlar el tiempo y de señalar a los debatientes cuándo pueden ofrecer puntos de información y cuándo no.

Señales

Los autores recomiendan el siguiente método para indicar a los debatientes cuándo pueden y cuándo no pueden ofrecer puntos de información y cómo infirmar del tiempo restante.

1. Tarjeta amarilla: Al comienzo del primer minuto y del último minuto, el juez sostiene una tarjeta amarilla para señalar a los miembros del equipo contrario que no pueden ofrecer puntos de información.
2. Tarjeta verde: Al terminar el primer minuto, el juez levanta una tarjeta verde que señala a los miembros del equipo contrario que pueden ofrecer puntos de información.
3. Tarjeta roja: Una vez finalizado el último minuto, el juez levanta una tarjeta roja que indica al orador que debe detenerse y sentarse.

Evaluación del rendimiento

Se anima a los profesores a utilizar una matriz de evaluación o rúbrica (véase como ejemplo el apéndice B) que refleje una síntesis de los criterios desarrollados por ACTFL (*American Council on the Teaching of Foreign Languages*) en las guías de capacidad lingüística.

*Adaptado de "Debate Formats," IDEA (International Debate Education Association) January 5, 2013, http:// idebate .org /about /debate /formats. y de Mastering English through Global Debate (2016).

Apéndice B

EVALUACIÓN DE LA COMPETENCIA LINGÜÍSTICA ORAL Y ESCRITA (SOBRE 100 PUNTOS)

	Contenido	Vocabulario
Criterios	**Contenido apropiado y completo, incluyendo introducción y conclusión**	**Precisión, variedad y adecuación en la elección de palabras y expresiones**
Adecuado	**10–13 puntos** El escritor/orador no respalda su opinión (falta evidencia o análisis de argumentos) o es incapaz de responder a argumentos de la oposición.	**10–13 puntos** El vocabulario demuestra inexactitud y/o refleja un registro informal o inadecuado. El significado es confuso.
Bueno	**14–15 puntos** El escritor/orador generalmente apoya su opinión. Se ofrece alguna evidencia o análisis para los argumentos. Es capaz de responder a los argumentos de la oposición.	**14–15 puntos** Limitación en la riqueza de vocabulario. El uso del léxico es a veces inexacto o inapropiado.
Muy bueno	**16–17 puntos** El escritor/orador apoya con éxito su postura. Es capaz de establecer una opinión clara con el respaldo adecuado. El escritor/orador responde razonablemente bien a los argumentos del lado contrario.	**16–17 puntos** El vocabulario es adecuado e incluye algunas expresiones idiomáticas, aunque el escritor/hablante use léxico general en lugar de específico en numerosas ocasiones. Hay cierta falta de exactitud en el vocabulario del tema.
Excelente	**18–20 puntos** El escritor/orador presenta argumentos fuertes que apoyan su opinión, presenta las inconsistencias de los argumentos opuestos para su ventaja y muestra conciencia de la complejidad del problema a tratar.	**18–20 puntos** El vocabulario es sofisticado y sociolingüísticamente apropiado. Acertado uso del registro formal.

Gramática	Estructura	Impacto
Precisión y control	**Cantidad y organización del discurso**	**Capacidad para motivar a la audiencia**
10–13 puntos Se presentan problemas en las construcciones simples y complejas. Errores frecuentes de género, concordancia, uso de preposiciones, tiempos y modos verbales, etc.	**10–13 puntos** Hay oraciones completas con cláusulas subordinadas. Se utilizan algunos conectores. En el escrito, la longitud de párrafos es de discurso emergente. Introducción y/o conclusión inadecuadas.	**10–13 puntos** Falta de fluidez en la redacción o el habla. El discurso presenta largas pausas o titubeos. La redacción es inconexa. La presentación impacienta a la audiencia.
14–15 puntos Construcciones efectivas pero simples, problemas menores en construcciones complejas, algunos errores de género, modo verbal, uso de preposiciones, etc.	**14–15 puntos** pensamientos se presentan lógicamente. Por escrito, los párrafos son completos, con estructura clara y unidos por dispositivos cohesivos; Introducción y conclusión adecuadas.	**14–15 puntos** La presentación oral o escrita es inconsistente o torpe. La audiencia encuentra difícil de seguir los argumentos del ensayo/discurso.
16–17 puntos Uso eficaz de las construcciones complejas, escasos errores gramaticales.	**16–17 puntos** El hablante presenta un discurso conectado. En el escrito, los párrafos están lógicamente estructurados con buen uso de los conectores discursivos. La introducción y conclusión son claramente adecuadas.	**16–17 puntos** El discurso oral o escrito se presenta de forma eficaz y fluida. La audiencia encuentra interés y atractivo en este ensayo/discurso.
18–20 puntos Prácticamente no se presentan errores.	**18–20 puntos** El discurso está muy bien organizado y estructurado alrededor de un solo tema. En el escrito, la introducción y conclusión se enmarcan en párrafos estructurados lógicamente y están bien conectados al cuerpo principal.	**18–20 puntos** La redacción o el habla son fluidos, presentan un estilo definido que conmueve o convence a la audiencia, que disfruta al leer o escuchar la presentación.

CRÉDITOS FOTOGRÁFICOS

All photographs not attributed were created by Nieves Knapp, Krishauna Hines-Gaither, or Morella Ruscitti-Tovar or are in the public domain.

Tema 1

El Yunque National Forest, Puerto Rico, p. 1: U.S. Fish and Wildlife Service Southeast Region. Public domain.

Gas emissions, p. 1: Wikimedia user David Pérez (DPC). Creative Commons license: Attribution-ShareAlike 4.0 International (CC-BY-SA-4.0).

Polar bear, p. 1: Wikimedia user Arturo de Frias Marques. Creative Commons license: Attribution-ShareAlike 4.0 International (CC-BY-SA-4.0).

Smog, p. 1: Wikimedia user Fidel Gonzalez. Creative Commons license: Attribution-ShareAlike 3.0 Unported (CC-BY-SA-3.0).

Explosion in San Pablito Market in the city of Tultepec, Mexico, p. 1: Creative Commons license: Attribution 4.0 International (CC-BY-4.0).

Tema 2

Soldiers, p. 31: Pixabay user Defence-Imagery. Public domain.

Children teasing, p. 31: Beth Van Trees via Adobe Stock. Used with permission.

Students talking, p. 31: Pixabay user Naassom Azevedo. Public domain.

Man, p. 31: Wikimedia user Ananian. Creative Commons license: Attribution-ShareAlike 3.0 Unported (CC-BY-SA-3.0).

Mariano Rajoy Brey, p. 35: Ministry of the Presidency, Government of Spain. Creative Commons license: Attribution-ShareAlike 4.0 International (CC-BY-SA-4.0).

Mauricio Macri, p. 35: Casa Rosada (Argentina Presidency of the Nation). Creative Commons license: Attribution 2.5 Argentina (CC-BY-2.5-AR).

Juan Manuel Santos, p. 35: Cancillería de Perú. Creative Commons license: Attribution-ShareAlike 2.0 Generic (CC-BY-SA-2.0).

Evo Morales, p. 35: Ministerio de Relaciones Exteriores from Perú. Creative Commons license: Attribution-ShareAlike 2.0 Generic (CC-BY-SA-2.0).

Tema 3

Man sleeping on a bench, p. 59: Unsplash user John Moeses Bauan. Used per the Unsplash license.

World map showing global wealth distribution, p. 59: Suisse Global Wealth Databook. Creative Commons license: Attribution-ShareAlike 4.0 International (CC-BY-SA-4.0).

World map, p. 75: Wikimedia user Luis Felipe Tapia Yanfka. Creative Commons license: Attribution-ShareAlike 4.0 International (CC-BY-SA-4.0).

Tema 4

Family, p. 89: Unsplash user Rajiv Perera. Used per the Unsplash license.

Tema 5

Colombian military parade, p. 119: Flickr user Daniel Amariles. Creative Commons license: Attribution 2.0 Generic (CC BY 2.0).

Security officer, p. 119: Pixabay user Ryan McGuire. Public domain.

Tema 6

Graduate from Guatemala, p. 151: User Jorge via Adobe Stock. Used with permission.

SOBRE LAS AUTORAS

Nieves Pérez Knapp is a native of Spain and a professor of Spanish Language and Culture at Brigham Young University. She has over twenty-five years of experience in teaching language, conversation, and methodology courses, as well as supervising student instructors and adjunct faculty. She has presented at numerous professional conferences and trainings. Dr. Knapp has worked with industry leading companies to develop widely used international language assessment tools. She is the recipient of several teaching awards at the university and state levels.

Krishauna Hines-Gaither is the vice president for Equity, Diversity & Justice at Mount Saint Mary's University, Los Angeles. She taught Spanish and language teaching methods for over two decades before moving into administration. She is the former president of the Foreign Language Association of North Carolina. She serves on the Board of Directors for the American Council on the Teaching of Foreign Languages and is the coauthor of *The Antiracist World Language Classroom* (Routledge Press, 2022).

Morella Ruscitti-Tovar, originally from Venezuela, currently serves as an assistant teaching professor of Spanish at The Pennsylvania State University. She has over ten years of experience as a foreign language instructor in elementary and postsecondary classrooms in the United States. She has also developed teaching materials to support audiovisual components for several institutions.

www.ingramcontent.com/pod-product-compliance
Lightning Source LLC
LaVergne TN
LVHW082006060826
844660LV00028B/1249

* 9 7 8 1 6 4 7 1 2 2 9 1 1 *